COLLECTION MICHEL LÉVY

OEUVRES COMPLÈTES

D'ALPHONSE KARR

ŒUVRES COMPLÈTES
D'ALPHONSE KARR
PUBLIÉES DANS LA COLLECTION MICHEL LÉVY

AGATHE ET CÉCILE...	1 vol.
LE CHEMIN LE PLUS COURT.......................................	1 —
CLOTILDE..	1 —
CLOVIS GOSSELIN...	1 —
CONTES ET NOUVELLES..	1 —
LA FAMILLE ALAIN..	1 —
LES FEMMES...	1 —
ENCORE LES FEMMES...	1 —
FEU BRESSIER...	1 —
LES FLEURS...	1 —
GENEVIÈVE..	1 —
LES GUÊPES...	6 —
HISTOIRE DE ROSE ET DE JEAN DUCHEMIN..........................	1 —
HORTENSE...	1 —
MENUS PROPOS..	1 —
MIDI A QUATORZE HEURES.......................................	1 —
LA PÊCHE EN EAU DOUCE ET EN EAU SALÉE.........................	1 —
LA PÉNÉLOPE NORMANDE...	1 —
UNE POIGNÉE DE VÉRITÉS..	1 —
PROMENADES AUTOUR DE MON JARDIN.............................	1 —
RAOUL...	1
ROSES NOIRES ET ROSES BLEUES..................................	1 —
LES SOIRÉES DE SAINTE-ADRESSE.................................	1 —
SOUS LES ORANGERS...	1 —
SOUS LES TILLEULS..	1 —
TROIS CENTS PAGES..	1 —
UNE HEURE TROP TARD..	1 —
VOYAGE AUTOUR DE MON JARDIN................................	1 —

ŒUVRES NOUVELLES D'ALPHONSE KARR
Format grand in-18

LES DENTS DU DRAGON...	1 —
DE LOIN ET DE PRÈS (2ᵉ édition)...................................	1 —
EN FUMANT (3ᵉ édition)...	1 —
LETTRES ÉCRITES DE MON JARDIN.................................	1 —
SUR LA PLAGE (2ᵉ édition)..	1 —
LE ROI DES ILES CANARIES (sous presse)..........................	1 —

Clichy. Impr. M. LOIGNON, PAUL DUPONT et Cᵉ rue du Bac-d'Asnières, 12.

HISTOIRE
DE ROSE ET DE JEAN
DUCHEMIN

PAR

ALPHONSE KARR

NOUVELLE ÉDITION

PARIS

MICHEL LÉVY FRÈRES, ÉDITEURS

RUE VIVIENNE, 2 BIS, ET BOULEVARD DES ITALIENS, 15

A LA LIBRAIRIE NOUVELLE

—

1869.

Droits de reproduction et de traduction réservés.

HISTOIRE DE ROSE ET DE JEAN DUCHEMIN

I

Je me suis mariée en 1815, l'année où Bonaparte levait tout le monde pour l'armée. Comme ceux qui étaient mariés ne partaient pas, on nous maria pour que mon mari ne partît pas, quoique fils de veuve. Huit jours après mon mariage, on a appelé mon mari ; il fut exempt par le mariage.

J'étais la treizième enfant de la maison de mon père. On me donna à mon mariage, en effets, la valeur de six cents francs. Mon mari était fils de veuve. Elle avait encore un autre fils et une fille ; elle avait un peu de biens qu'elle n'avait pas l'intelligence de ménager, ni la mère ni la fille. Mon mari n'avait en mariage que la chemise de dessus son corps, et qui n'était encore guère valable. Il était marin, il n'avait aucun filet pour son état, ni aucun habillement propre pour la mer. On nous mit en ménage entre quatre murailles, sans meubles d'usage d'homme. Mon père nous donna une vieille couche de feu mon grand-père, que nous fîmes raccommoder un peu.

On nous mit en ménage quinze jours avant Pâques. Il nous vint bientôt un enfant. Le boulanger nous donna du pain à crédit. Heureusement, trois ou quatre semaines après, la saison du maquereau arriva. Comme il ne faut pas de filet pour faire cette pêche-là, mon mari eut donc son lot comme les autres. Mon père, qui avait un petit bateau, lui en donna le commandement et la maîtrise, et, moi, j'étais *mousse de terre* pour appeler les autres femmes pour aider à *virer* les bateaux quand ils reviennent de la pêche. Je gagnais encore un écu, ça nous faisait un lot et demi. Ils gagnèrent trois cents francs au lot. Nous fîmes faire quelques meubles les plus nécessaires; nous achetâmes six vieux filets d'un marin qui se démontait : il nous les vendit soixante francs, et autant qu'il nous fallut pour les réparer. Pendant que nous les réparions, nous ne gagnions rien : nous mangions sur le gain à venir.

La saison d'aller faire la pêche à Dieppe approchait. Il fallut bien autre chose quand il fut question de faire la *pouche* que l'on a usage de faire au marin pour faire la pêche à Dieppe; il fallut faire faire une paire de grosses bottes de marin de trente francs, une paire de souliers de huit francs, deux paires de halavant, un surouest, un caban, un gros gilet de frot, trois paires de gros bas de laine gris, trois ou quatre pantalons de toile ou laine, celui qui le peut. Nous fîmes tout cela à crédit. Je lui fis une chemise de laine bleue avec une jupe; je lui fis des caleçons avec une jupe blanche. Ça diminuait bien vite de mon côté. Je défis deux draps pour lui faire des chemises. Son sac se fournissait à peu près. Quand il fut parti, j'avais l'enfant à vêtir pour l'hiver. Je fus trouver ma mère, qui me donna la moitié d'une jupe. Je repris le restant dans mes effets. Je ne tardai pas à en trouver le bout. La saison ne fut pas très-avantageuse : ils ne gagnèrent que cent cinquante francs au lot.

L'hiver est toujours long à appréhender pour la pauvre gent : aussi fut-il long à passer. Nous ne tardâmes pas à trouver le bout de ce que mon mari avait gagné. Comme il ne savait aucun autre état que la pêche, nous étions malheureux.

Les harengs venant à quitter nos côtes, l'on en prit peu cette année-là chez nous. Sa mère, comme je vous ai dit, qui n'avait aucune intelligence, n'avait jamais travaillé de sa vie et avait élevé sa fille comme elle. Nous étions obligés de donner du pain toutes les semaines pour les nourrir. Le frère de mon mari en nourrissait une, et nous l'autre. Nous leur donnions neuf livres de pain la semaine; encore ils n'en avaient pas assez. Nous demeurions près d'eux; nous fûmes obligés de nous retirer plus loin : ils devenaient si malaisés à mon égard, que je n'y pouvais plus tenir.

Quand nous fûmes un peu écartés, nous fûmes plus tranquilles à leur égard. Pour l'instant, nous demeurions plus près de la mer, dans la maison d'un cordonnier.

Nous avions quatre années de ménage, nous avions quatre enfants, trois fils. Ma mère vint à mourir : je n'avais plus que mon père, qui ne tarda pas à manger le peu de bien qu'il pouvait posséder. Il en but plus qu'il n'en mangea. Ma mère lui laissait trois embarcations à l'usage de chez nous et trois logements. Heureusement, nous lui achetâmes la maison à fonds perdu, car nous n'aurions rien retrouvé à son décès. Il se maria à soixante-dix-huit ans à une vieille fille qui avait été élevée à l'hospice à Paris; ce qui fit qu'à deux du même accord, ils ne tardèrent pas à voir le bout.

II

La cinquième année de ménage, j'étais enceinte du quatrième enfant. La pêche du hareng fut tout à fait manquée. Nous passâmes un hiver bien malheureux : il faisait grand vent tous les jours ; il fut impossible de mettre aucun bateau à la mer pour aucune pêche. Nous fûmes quatre mois sans pouvoir gagner un sou à la mer; mon mari, ne sachant aucun autre état, faisait le manger et soignait les enfants, je filais tous les jours et une partie des nuits. Je ne pouvais gagner que douze sous par jour : le pain valait quarante-deux sous les douze livres. Nous avions usage de manger à crédit entre deux saisons; et puis, quand la saison était venue, nous payions nos dettes, quand nous en gagnions assez; et quelquefois il en restait un peu, et on nous en redonnait tout de même. Mais, cette fois-là, je n'osais pas en demander, voyant la pêche manquée; je ne pouvais pas dire : « Je vous payerai à la saison. » Mais, heureusement, nous avions fait des pommes de terre dans la terre de la mère de mon mari; elle n'avait pas pu la charger cette année-là; le bon Dieu pourvoit toujours aux malheureux. Nous en recueillîmes vingt-cinq boisseaux; nous en mangeâmes vingt-trois, à cinq que nous étions; aussi nous n'avions pas de beurre pour les accommoder; la faim fait trouver tout bon. Nous en mangions bouillies dans l'eau de mer; d'autres cuites sans eau, ce que l'on appelle cuire au torchon. Nous en faisions de la soupe, bien plus de pommes de terre que de pain, sans beurre, salée à l'eau de mer [1].

Cette mauvaise nourriture me rendit une irritation d'estomac, que je toussais jour et

1. La douane n'avait pas encore défendu aux pauvres gens de puiser de l'eau dans la mer.

nuit sans discontinuer. Je ne me plaignais jamais à personne; nous étions pauvres honteux, c'est souvent ceux qui souffrent le plus. J'avais bien peur qu'on le sache; mais l'enfant n'avait jamais jeûné une heure; ça me faisait de la peine quand il me demandait du pain. Quand je n'en avais pas à leur donner ni à leur père, je n'osais les regarder fixement, crainte de leur voir un air triste. Le cordonnier, qui s'en doutait, me disait :

— Quand tu n'auras pas de pain, tu me le diras; je ne veux pas que tu jeûnes, vu que tu es enceinte.

Je ne lui en ai jamais demandé : je voyais les enfants de ses pratiques qui étaient riches; quand ils venaient pour chercher des

souliers, on leur donnait des grandes dorées[1].
Je disais :

— Ils en ont chez eux; et les miens, qui n'en ont point, on ne leur en donne pas.

Je les cachais pour qu'ils ne voient pas manger les autres, de peur de leur faire envie.

L'hiver s'écoulait toujours peu à peu dans cette triste vie. Mon irritation ne se passait pas.

L'un me disait :

— Il te faut du renforcement.

L'autre me disait :

— Il faut parler au médecin.

Je parlais quelquefois à des personnes plus

---

1. Tartines beurrées.

anciennes, voir si elles n'avaient pas été comme moi.

L'une me disait :

— Il faut mettre une chemise de laine sur la peau.

L'autre disait :

— Il ne faut pas aller à la fontaine.

Je trouvai une vieille marchande qui me dit :

— J'en ai guéri une comme vous; croyez-moi, achetez une bouteille de vin blanc, prenez-en une cuillerée quand vous vous sentirez faible.

Je n'avais pas d'argent, mais la fête de Pâques s'approchait. Je pris la hardiesse de demander à un cultivateur de chez nous que je connaissais, s'il n'avait pas un cent de blé à me vendre, que je lui payerais à la saison du maquereau. Il me dit :

— Oui, mon enfant, apporte ta pouche, que je te la mette au moulin.

On nous a apporté la farine au bout de deux jours.

Je ne puis vous estimer la joie de mes pauvres enfants quand ils aperçurent la pouche. Pendant que nous avons mangé cette farine, j'ai filé quelques livres de lin, et puis j'ai acheté une bouteille de vin qui m'a coûté trente-deux sous. J'en ai pris un peu à jeun le matin et un peu quand j'avais mangé; j'allais mieux de jour en jour. Après j'ai acheté une bouteille de poiré en bouteille avec une branche d'absinthe que je fis tremper vingt-quatre heures dedans, qui me guérit radicalement.

La saison du maquereau arriva, et nous oubliâmes bientôt le mauvais temps que nous avions passé, quoique le pain restât toujours cher toute l'année. Le 2 d'août, j'accouchai d'un fils, ce qui nous faisait quatre fils. Mon mari, content dans sa misère encore d'avoir des garçons, me disait :

— Bon ! voilà des matelots qui vont pousser avec le temps ; nous viendrons peut-être plus heureux quand ils seront grands.

Il se trouva qu'un marin de chez nous avait une petite barque qu'il voulait vendre ; il demanda à mon mari s'il voulait l'acheter.

Mon mari lui répondit :

— Je voudrais bien, mais je n'ai pas d'argent pour te payer.

Le marin lui répond :

— Tu me la payeras quand tu pourras, j'ai besoin d'argent à la Saint-Michel, tu m'en donneras la moitié, et l'autre moitié à Pâques, si tu le peux.

La petite barque n'était pas chère : il nous l'a vendue soixante-dix francs. Sitôt quitte du maquereau, il fit valoir la petite barque seul, car ses garçons étaient encore trop jeunes; nous faisions usage du varech[1] tous les ans; nous avions une place de roche

---

1. Récolte d'algues et d'herbes marines que l'on brûle pour en faire de la soude.

tout près notre village. Quand il ne faisait pas beau temps pour naviguer dans la petite barque, nous allions arracher du varech (un métier bien dur). A l'heure de la marée, qui dure six heures chez nous, je me traînais sur les deux genoux dans l'eau pendant que mon mari emportait le varech sur le galet pour le faire sécher; j'avais bien du mal à l'entretenir; c'était bien dur à arracher; j'en avais les ongles brisés, et même jusqu'au bout des doigts. Nous emportions nos enfants avec nous aussi, ne pouvant pas les laisser seuls chez nous, les plus grands soignaient les plus petits. Quand la marée était finie, bien fatiguée il fallait s'en retourner les bras chargés d'enfants, un autre sur le dos, l'autre qui tenait mon tablier; mon mari restait à étendre le varech pour le faire sécher. En arrivant à la maison, point de manger de prêt; les enfants crient la soupe, l'autre qui voulait le sein; il fallait que je monte au grenier pour descendre du bois; pas d'eau tirée du puits; le père qui allait arriver, qui allait demander à manger. C'était le moment de courir au plus vite, quelquefois le manger pas encore préparé. S'il montait un grain de pluie, il fallait recourir ramasser le varech, retraîner les enfants avec soi; s'il y en avait de sec, il fallait le porter à l'abri de la pluie; et tous les jours à recommencer.

Quand j'allais à la fontaine, je partais de grand matin, avant qu'il ne soit levé; quand je voyais l'heure du réveil arriver, je recourais à la maison; quand j'approchais, j'entendais pleurer à vingt pas loin; quand j'entrais, c'était comme des petits oiseaux que leur mère leur apporte à manger; ils tendaient la main et le bec; je recourais, comme à l'usage, vite pour le déjeuner. Je voyais quelquefois, en revenant de la fontaine, le père qui revenait avec son canot; il fallait que j'aille lui aider à le tirer de l'eau. Je ne savais souvent pas auquel obéir.

Plusieurs années se passent de cette sorte. Le fils aîné commençait à vouloir aller à la mer avec son père; comme il avait de l'intelligence précoce, il ne tarda pas à soulager son père un peu; il lui tenait compagnie, il causait avec lui étant en mer. Comme il l'aimait beaucoup, ce garçon, il lui plaisait extrêmement de l'avoir avec lui. Il passa plusieurs années en allant toujours avec son fils aîné, jusqu'à ce que les autres fussent un peu plus grands.

III

La septième année, mon mari, voyant que la pêche du hareng était tout à fait manquée, résolut d'apprendre à faire du calicot. Nous étions, comme à l'usage, sans argent pour avoir un métier ni pour payer l'apprentissage.

Nous trouvâmes le fils d'un vieux boucher

qui n'avait guère envie de travailler chez lui; nous fîmes prix par un louis pour lui apprendre.

Il savait très-bien lui montrer, car il travaillait bien quand il voulait; mais, quand il était chez nous, il s'y tenait trop longtemps. Son père l'empêcha de revenir. Voilà mon mari resté sans pouvoir tisser, ne sachant pas comment faire. Il se trouva un vieux barbier qui lui dit :

— Tiens! je veux t'apprendre pour rien.

Ce bon homme venait quelquefois en passant; mon mari tissait à son idée; enfin, mal monté, il fit une pièce sans lisière. Le bourgeois voulut le frapper quand il vit son ouvrage gâté, et puis il réfléchit et dit :

— C'est un malheureux, je le sais, il a été mal montré.

Et puis, toute réflexion faite, il lui paya la façon de sa pièce, mais il ne lui donna pas de chaîne pour recommencer.

Il fallait retourner chez un autre commissionnaire ; l'autre ne savait pas qu'il ne savait pas travailler, il lui en donna une. Il travailla un peu mieux de chaîne en chaîne ; il devint ouvrier ; il ne fut pas sitôt ouvrier, que les façons vinrent à diminuer.

Le cinquième enfant vint ; il fallait que je fasse des trames avec l'enfant sur mes genoux : il était méchant comme on n'en voit guère. Je gagnai un mal dans le dos à ne pas pouvoir tenir. Je ne savais pas trop comment faire : j'appris à l'aîné à faire des trames, il en fit très-bien, il me soulagea bien de ce côté-là.

A la fin de l'hiver, il se trouva la gremillière chez nous : le fils aîné fut pris de mal le premier ; le second fit de la trame à sa place, et, au bout de huit jours, il fut pris aussi, et ensuite les deux autres. Les voilà tous quatre dans le lit ; je n'avais que la cinquième, qui était une fille, qui n'avait pas la gremillière, mais bien aussi pire : elle ne venait pas du tout, elle avait le ventre enflé et ne faisait que haleter, toujours courte d'haleine.

Voyant tous mes enfants dans cette situation, je demandai un médecin ; il vint les voir, les découvrit tous quatre pour voir leur gremillière, si elle était bonne ; quand il les vit, il dit :

— Bon, mes petits enfants, vous êtes bien, la gremillière est bonne, il ne faut que des soins.

Ce bon médecin, voyant que je n'avais pas grands moyens, me dit :

— Je n'ai pas besoin de revenir, vous ne les mettrez pas à l'humidité, vous ouvrirez vos fenêtres quand il fera soleil.

Et puis il me fit faire de l'eau de riz et de l'eau d'orge pour ceux qui en avaient besoin. Et puis je lui montrai ma petite fille que je tenais dans mes bras, que j'avais grande envie aussi de réchapper : il me dit de la nourrir au riz bien longtemps, et puis de lui donner un peu de vin blanc, qui lui fit bien. En peu de temps, elle fut rétablie, et mes fils faisaient bien aussi.

Mon mari tissait toujours et ne gagnait pas la moitié de ce qu'il nous fallait; le pire était que nous n'avions pas assez de bois pour réchauffer les malades. Quand ils se sont relevés du lit, j'avais brûlé le peu que nous en avions à faire cuire l'orge et le riz. Une vieille femme, qui se disait connaître un peu la médecine, venait les voir quelquefois; elle s'en aperçut et elle me dit :

— Tu n'as pas de bois pour chauffer tes enfants?

Je dis :

— Non, j'ai brûlé le peu que j'en avais.

Un jour, elle vint le soir en m'apportant une brassée de fagots ; nous en eûmes pour quelques jours. Après, je pris la hardiesse d'aller chez un marchand de fagots, à une demi-lieue de chez nous ; je lui demandai un quarteron de fagots ; il ne me connaissait pas ; il me demanda mon nom, je le lui dis ; je tremblais en annonçant le mot de crédit. Je dis comme d'usage :

— Je vous payerai à la saison.

Il nous en apporta de suite. Je revins de suite à la maison, je dis à mon mari :

— Nous sommes encore sauvés une fois ; voilà du bois pour chauffer nos pauvres enfants.

Je les mis hors du lit à trois en arrivant, pour voir s'ils pouvaient tenir un peu levés ; ils y tinrent bien une heure, et puis je les remis au lit pour la nuit ; ils n'en reposèrent que mieux. Et moi, bien satisfaite de les voir se lever un peu tous les jours suivants, je les levais vers midi ; quand il faisait du soleil, j'ouvrais les fenêtres pour leur donner un air frais ; je leur portais les soins qu'une mère doit à ses enfants ; j'avais grandement peur, car j'aime beaucoup mes enfants.

Le 26 mars, l'on a usage chez nous d'aller sur la côte prier la sainte Vierge, le père et la mère y vont avec leurs enfants. Le deuxième, pendant que j'étais partie à l'eau, s'échappa sans que je le voie aller ; il faisait humide, je cours après lui, je le rejoins au pied de la côte ; je l'apporte dans mes bras bien vite ; je fais grand feu pour le réchauffer ; il avait son cou tout tors, la tête couchée presque sur l'épaule. J'eus recours au médecin bien vite : il lui fit mettre un vésicatoire de suite et des lisières d'étoffe pour tirer sa tête de l'autre côté ; il en eut pour six semaines ; encore il en conserva toujours un peu.

Pendant tout cela, je me trouvai enceinte du sixième enfant ; nous le perdîmes aussitôt qu'il fut né, et, au bout de quatorze mois, nous eûmes le septième enfant, et toujours dans la même situation, toujours dans la misère. Au bout de quatorze mois, huit enfants ; mon mari se décourageait de plus en plus.

Quand l'hiver était venu et qu'il fallait tisser, il me disait :

— Je n'ai plus le courage de travailler ; je gagne trente sous par jour, il nous faut trois francs.

Je lui disais :

— Eh bien, mon pauvre homme, que veux-tu faire? C'est en espérance la saison du maquereau, et puis tu iras dans ta petite barque depuis la saison du maquereau jusqu'à la saison de Dieppe. Voilà tes garçons qui grandissent.

Nous apprîmes à l'aîné à tisser ; il travaillait bien assez ; il pouvait à peu près gagner le temps que le père perdait à lui montrer. Tout cela ne faisait que la même gagne ; pensez combien de choses manquent au besoin quand on n'a pas d'argent. Il y avait toujours du pain et pas de vêtements : à force de prendre à la huche, on en trouve bientôt le fond. Il me restait une jupe de drap de Reims; je l'avais épargnée malgré moi, vu qu'elle ne pouvait pas aller avec mes autres habillements ; mon mari me la demanda pour lui faire un pantalon et un gilet de dessous ; je la lui donnai pour le contenter.

Il me dit :

— Je t'en donnerai une autre quand j'en gagnerai à quelque bonne saison.

Je lui dis :

— Oui, comme les autres ; à présent on peut bien écrire sur l'armoire : *Maison à vendre ou à louer.*

V

La saison de Dieppe suivante ne fut pas très-bonne, et, voyant la maison pleine d'enfants, mon mari était hors de lui de chagrin, disant :

— Cette fois, comment allons-nous faire ?

Dans moi j'étais aussi inquiète que lui. Comment passer l'hiver ?

Je ne voulais pas lui dire. Je lui disais :

— Va, nous allons travailler.

L'aîné, qui entendait son père s'inquiéter, lui dit :

— Papa, je vais vous aider, nos petits frères vont nous aider à faire des trames ; vous allez voir que nous gagnerons le pain à nous deux.

Le père dit :

— Ah! oui, la moitié tout au plus, nous voilà dix personnes.

Je me mis à rire en lui disant :

— Eh bien, quand tu es en mer, que tu rencontres la marée contraire, tu files ton ancre pour ne pas aller tant en arrière ; eh bien, il faut faire de même chez nous. S'il faut ne gagner que la moitié, le boulanger nous avancera l'autre, nous lui payerons comme à l'usage, à la saison du maquereau.

— Cette fois-là, c'est manqué, nous ne pourrons jamais gagner assez à notre saison du maquereau; la petite barque est usée, il nous en faut une autre, nous ne pourrons pas l'avoir. Je vais aller au Havre chercher une place dans un vapeur pour passer l'hiver; je t'enverrai cinquante francs par mois, et moi nourri; ça nous fera du bien.

Il fut au Havre, il trouva une place, il revint chercher quelques effets pour lui servir à le couvrir pour l'année, et puis, il retourna de suite. Je restai avec mes enfants, j'étais bien triste; l'aîné, qui était si raisonnable, me dit :

— Ma mère, je vais vous tenir compagnie, je vais travailler avec vous.

Mais c'était encore un ouvrage de plus pour moi : il fallait que je lui pare ses trames pour tisser; quand j'étais à la fontaine, il ne pouvait travailler que je ne fusse revenue pour lui gréer son métier; j'avais déjà bien assez d'ouvrage sans cela. Aussitôt que mon mari fut sorti du Havre pour aller à Paris, il fit une grande gelée qui dura sept semaines, la terre était couverte de neige, de sorte que mon mari resta en rivière sans pouvoir revenir. Il fallait voir les froids que j'ai endurés; pendant ce temps-là, il fallait que j'aille à la fontaine tous les jours ; comme je n'avais pas beaucoup de linge, il fallait que je sèche au feu journellement les draps et les couches des petits. Je n'étais pas sitôt quitte de faire sécher qu'il fallait raccommoder ; plus d'une fois l'horloge avait sonné minuit que j'étais encore à travailler. Quand je me couchais, les enfants criaient, aussitôt je me relevais.

Je donnais le sein à l'un, je remettais du linge à un autre, enfin, bien des nuits je ne chauffais pas mon lit.

Il y avait une bonne dame, madame Morin, qui demeurait auprès de nous, qui m'apporta un peu de linge pour leur faire quelques chemises : c'était la belle-mère d'un ancien notaire; elle m'était bien bonne en me voyant ménager tous nos enfants.

Elle me disait :

— Je vous compare à votre mère, qui en a eu treize, je la voyais souvent ménager ses enfants.

Aussi, heureusement que j'ai appris à coudre par moi-même, je faisais bien tout ce qui était utile à mes enfants. Cette bonne dame, voyant que je mettais en pratique ce qu'elle me donnait, m'apporta souvent quelque chose utile à leurs besoins. Au bout de cette semaine je reçus une lettre de mon mari, qui me dit qu'il s'ennuyait beaucoup de la mer [1], et pour savoir comment le

1. De ne pas voir la mer.

grand froid s'était passé. Et il me dit qu'aussitôt arrivé au Havre, il va revenir à la maison en permission, et que, si je voulais qu'il débarque, que je lui fasse dire. Je ne demandais pas mieux que de le voir revenir; je me trouvai au Havre à son arrivée et je le ramenai avec moi à la maison. Il nous apporta soixante francs, que je donnai de suite au boulanger.

Mon mari fut bien content en entendant dire que l'on allait travailler à faire un canal chez nous; il parla à notre propriétaire : dans ce moment, nous demeurions dans la maison d'un ancien capitaine des gardes-côtes; il s'empressa de parler pour lui à l'ingénieur, et il travailla. Comme les marins n'aiment pas à être enfermés, prix pour prix, il aima mieux le dehors, il travailla jusqu'à la saison du maquereau. Depuis plusieurs saisons, mon mari allait sous maître, vu que les bateaux de mon père étaient usés, il n'en avait pas d'autres à commander.

Pendant qu'il travaillait au canal, un monsieur qui demeure au château (M. Fauvel) vint chez nous, avec notre propriétaire, me dire d'aller chercher mon mari pour lui parler ; qu'il voulait faire un bateau de pêche pour le hareng, et, comme il le connaissait pour bon marin, il voulait lui donner un commandement. Je fus le chercher, il vint de suite, et lui promit de le commander. Cette nouvelle encouragea un peu mon mari.

Il me dit :

— A présent, nous nous ferons deux lots : notre aîné va venir avec moi.

Nous mîmes le deuxième mousse de terre pour appeler les femmes pour virer [1] ; comme chaque homme fournit sa vireuse, il fallut que j'en loue une pour virer pour le fils, et moi je virais pour le père.

J'étais enceinte du neuvième enfant ; j'en accouchai pendant la saison ; mais heureusement que, le lendemain de ma couche, je retravaillai de suite à la besogne de la maison, et ne tardai pas à faire celle du dehors. Comme il fallait être relevée de l'église au

1. Tirer les bateaux sur la plage, au moyen d'un cabestan.

bout de neuf jours, j'ai relevé, car je n'osais y aller plus tôt; Dieu me faisait cette grâce-là. M. Fauvel ne voulant pas la caudraie chez lui, comme c'est l'usage de le faire chez le bourgeois, on la fit chez nous, ce monsieur nous apporta du bois pour la faire cuire, mais il manquait encore bien autre chose : pas de vaisselle assez, pas assez de chaises, pas de verres; je courais à chaque caudraie chez les voisins, et petit à petit je me fournissais un peu à la fois.

J'avais bien du tourment, je craignais que les enfants ne crient trop fort; je courais vite à l'un et à l'autre pour les faire taire et leur

1. La chaudière. Repas que font les marins ensemble le samedi soir. On ne pêche pas le dimanche.

donner ce qu'il leur fallait. La saison du maquereau finie, il fallut faire faire une petite barque; nous n'avions, comme d'usage, pas le sou; nous avions donné tout aux créanciers; mais comme nous avions usage de payer aussitôt que nous en gagnions, on ne nous refusait jamais le crédit.

Le charpentier (Coquin) nous dit :

— Je t'en ferai une tout de même.

Et comme nos garçons grandissaient tous à la fois, son équipage devint bien bon, ils aimaient tous l'état de marin, excepté le troisième, qui avait toujours peur. Il disait :

— Moi, j'aime tisser !

Nous avions déjà bien des filles (car les cinq derniers enfants étaient cinq filles).

— Je leur apprendrai à tisser.

C'était un enfant si doux, que jamais je ne lui ai vu de colère ; il avait la patience de leur montrer bien plus que le père, car il est un homme vif et turbulent par instants ; il faut le connaître pour pouvoir le pratiquer ; il ne m'effarouchait jamais de ses raisons, vu que je le connais. Ce troisième fils n'alla pas à la pêche comme les autres, il resta à la maison.

Mon mari, dans sa petite barque, cette année-là, gagna bien, depuis la saison du maquereau jusqu'à la saison du hareng, la valeur de trois cents francs; nous payâmes un peu de nos dettes, et puis on se gréa pour la saison du hareng ; c'était toutes les années à recommencer à faire des filets et gréer la pouche.

Le moment d'armer pour Dieppe étant venu, on fit donc la caudraie chez nous; on apporta le pot-au-feu et la grillade au cuisinier; comme c'était moi qui étais le cuisinier, je mangeai ma part de la grillade, qui me semblait bien bonne, car je n'en mangeais pas souvent. La caudraie cuite, les matelots arrivaient, prenaient leur part de la caudraie avec leurs enfants, trois, quatre, six, s'ils les avaient, car c'est une fête que la caudraie pour les enfants. On leur donne une grande gamelle de soupe tous ensemble, et puis on leur donne de la viande sur leur pain, et on les envoie chez eux pour que leurs pères puissent deviser, car quand ils sont là on ne s'entend pas parler ; quand ils sont partis, on entend les matelots, on les entend dire :

— Il faut espérer que nous en prendrons cette année s'il fait beau temps, nous en avons besoin.

L'un dit :

— Mais il y a un an, nous en avons manqué.

L'autre dit :

— T'en souviens-tu, quand nous avons été voir à la raie de ce grand bateau ? il y en avait plus d'un cent à la raie, si nous avions mis auprès de lui, nous en aurions pris de bons.

L'autre dit :

— Nous mîmes trop à terre, c'est ce qui nous fit du mal.

L'autre dit :

— Nous avions trop d'affalage, les harengs étaient à fleur d'eau, cette année nous y prendrons garde.

On dirait, à les entendre, qu'ils les tiennent dans leurs filets. Après tous ces discours, ils vont se coucher, prêts à partir le lendemain, s'il fait beau temps. Étant de retour de la pêche, s'ils ont gagné quelque chose, on les entend, dès en mer, crier leur mousse :

— Es-tu paré ; les tours sont-ils prêts ?

Le mousse dit oui ou non. On les entend

de bateaux en bateaux gazouiller ; on dit :

— La pêche est bonne.

Et qu'au contraire, s'ils n'ont rien pris, ils échouent sans rien dire, et puis ils crient : « Vire donc vite ! » en grognant. Et puis, quand le bateau est viré, chacun prend sa pouche, que le mousse met à terre, et puis on s'en va chacun chez soi ; on ne parle pas trop de la caudraie du lendemain ; car, quand ils gagnent quelque chose, ils font une caudraie pour séparer leur argent ; on envoie le mousse pour payer partout où l'on doit, et puis on sépare le reste. Il faut voir, le lendemain, toutes les femmes des matelots aller avec leur bourse payer le boulanger et autres, et puis se rhabiller un peu pour l'hiver ! Cette saison-là fut bien avantageuse pour le gain et bien malheureuse d'un autre côté ; car il se perdit un de nos bateaux en arrivant chez nous, chose que nous n'avions pas vue de notre connaissance ni de celle de nos pères : il rapportait sept mille francs avec lui ; tout fut perdu, corps et biens.

Quand ce malheur arriva, j'étais enceinte du dixième enfant ; je gagnai une émotion que mon enfant porte avec lui, qui nous fit bien du mal. L'enfant, à l'âge de dix mois, fut prise de mal, elle en a eu pour deux ans, et puis elle revint bonne, grâce aux soins. Il nous vint un autre enfant au bout de quatorze mois.

V

Mon mari, dans sa petite barque, pendant plusieurs années de suite, gagna beaucoup d'argent; le poisson était à quantité dans nos côtes; il faisait toujours de la même pêche, qui était du gros poisson, congre, morue, raie. Tout cela se pêche avec des cordes que l'on attache des hameçons dessus avec un appât qu'on y met ; les mêmes cordes dont on fait usage sur le banc de Terre-Neuve. Quand les poissons qu'on met pour faire des appâts viennent dans nos rochers, on gagne toujours quelque chose ; quand il fait un grand hiver, ils meurent ; et, faute de ces poissons, que l'on appelle chatrouilles, nous ne pouvons gagner notre vie ; et pour les attraper dans les rochers, il faut connaître la manière.

Mon mari était un des meilleurs pêcheurs ; pendant qu'il gagna quelque chose, nous payâmes un peu des dettes anciennes les plus pressantes ; nous fîmes quelques filets pour les garçons, qui voulaient faire la pêche du hareng. Comme il faut six filets pour avoir son lot à la pêche du hareng, ils ne voulaient pas aller à demi-lot, on leur en fit quelques-uns. Pour l'aîné, comme il était extrêmement fait et grand pour son âge, on parlait de le mettre dans un autre bateau, pour ne pas aller tous ensemble dans le même bateau crainte de malheur, pour ne pas perdre toute la famille ensemble. Je différais pour qu'il ne quitte pas son père, croyant toujours qu'il serait perdu avec d'autres qu'avec lui.

Cet enfant m'était si bon et si instruit, que je trouvais bien des consolations dans lui; s'il me voyait triste, il me demandait :

— Qu'avez-vous, ma mère?

Je lui disais ce qui me chagrinait; il essayait toujours de mettre du remède à mon mal. Toujours une humeur riante, une jolie figure, des cheveux en boucles autour de sa tête, et un bon caractère ; je ne lui ai jamais vu de colère ; je m'admirais quand je les voyais tous ensemble, les quatre frères, tous d'une bonne prospérité et bons enfants, ils me disaient :

— Ma mère, nous ne vous demanderons pas d'habillement, vous savez aussi bien que nous ce qu'il nous faut ; vous nous en donnerez quand vous pourrez.

En effet, dans les saisons, quand on gagnait quelques sous pour faire le garçon le dimanche, ils me les prêtaient la semaine en me disant : — Vous nous les remettrez dimanche, si vous en avez.

Dans cette époque, nous avions douze enfants, quatre garçons et huit filles ; le père, qui n'aimait pas beaucoup les filles, n'était pas plus fier ; mais, comme on recueille ce que l'on sème, il appelait ses fils *mes garçons;* et, s'il parlait des filles, il disait : *tes filles.*

VI

Mon père, après avoir vécu quatre-vingt-quatre années, vint à mourir la quinzième année de mon mariage ; je n'espérais pas recevoir grand'chose à sa mort, mais je ne m'attendais pas à payer pour ses dettes soixante francs pour ma part. Comme nous étions onze personnes dans le moment, et qu'il nous revenait deux corps de bâtiments que nous avions achetés sur sa tête, nous ne pouvions pas nous y loger sans y faire des frais.

Nous trouvâmes un ami qui nous prêta mille francs à cinq pour cent, pour faire relever nos deux bâtiments. Nous logeâmes dans le haut, nos enfants tissaient dans le bas ; nous n'eûmes pas assez des mille francs, cela nous coûta dix-huit cents francs. Nous fûmes obligés de demander crédit pour le reste ; les couvreurs ne furent pas payés, ils nous dirent, marché faisant, qu'ils ne nous gêneraient pas ; mais nous trouvâmes bien le contraire : les échelles étaient encore debout qu'ils nous demandèrent de l'argent. Nous n'en avions pas, nous fûmes obligés de faire pour trois cents francs de billets à ordre, la moitié à payer au bout de six mois, et l'autre moitié au bout d'un an. Le premier étant échu, nous n'en avions pas tout à fait assez, on nous prêta le restant, nous fûmes encore dégagés à peu près sans frais.

La saison du maquereau fut à peu près bonne, nous rendîmes ce que nous avions emprunté pour payer ; l'autre payement revint bien vite, il ne nous restait pas un sou quand nous eûmes rendu l'emprunt que nous avions fait : la Saint-Michel vient toujours trop vite quand on doit y payer.

Notre onzième enfant était bien malade au moment du payement, il fallait que je marche pour faire des emprunts ; je n'avais personne pour soigner mon enfant, je n'avais qu'une sœur qui jamais n'était venue chez nous quand j'avais des malades ; je fus forcée un soir de lui dire de m'obliger, seulement un moment, de rester un petit moment chez nous, qu'il fallait que je sorte malgré moi, sans lui dire où j'allais, car je ne disais jamais mes affaires à personne. Je la pose auprès du berceau de l'enfant précipitamment seulement ; je cours bien vite de maison en maison, là où je croyais en trouver. J'entrais en disant :

— Prêtez-moi cinquante francs.

A un autre j'en demandais cent, en disant d'un air un peu embarrassé :

— Je vous rendrai après la saison de Dieppe.

On m'en donna de suite, et je revins bien vite chez nous ; ma sœur criait après moi :

— D'où viens-tu ? tu me laisses là, tu sais que je ne veux pas rester avec des malades.

J'étais bien soulagée pour le payement, mais pas pour mon enfant ; le lendemain, les billets arrivent, mon enfant à la mort, je ne pouvais pas seulement descendre pour les payer pour ne pas quitter mon enfant; seule, je courais d'un côté et de l'autre, bien triste. Vous devez penser combien un enfant est cher à une mère; la pauvre enfant mourut le soir. J'oubliai bien vite les embarras des payements et pas les peines de l'enfant, et elle n'avait cependant que dix mois.

La saison du hareng à Dieppe approchait; l'on part souvent quinze jours après la Saint-Michel; il fallait se mettre à gréer les effets du père et des enfants pour se disposer à partir.

Comme mon mari était rarement à terre, quelquefois il quittait la petite barque de suite et retournait dans une autre; j'avais bien des fatigues à la maison, et lui en avait bien plus que moi en mer et au rocher.

Bien des fois, en arrivant de faire la pêche des chatrouilles, quelquefois de trois lieues loin dans les rochers, amorcer ses cordes en arrivant sans venir à la maison, lui porter à manger sur le perrey à lui et à ses enfants, de suite repartir pour la mer, tendre ses cordes, revenir à neuf ou dix heures du soir, ne pas avoir le courage de manger par la fatigue ; sa chemise mouillée par la sueur, d'autres fois par la pluie et la mer ; se relever à deux heures pour recueillir ses cordes, et tous les jours à recommencer le trajet.

Mais aussi, quand j'avais des embarras plus fort que d'usage, je lui disais :

— Aide-moi un peu.

Il me répondait :

— Fais ton métier et moi le mien.

Nous en avions assez tous deux que de chacun le nôtre; le mien était bien dur, et le sien était dur et exposant; car, durant l'hiver, il n'y avait aucune pêche à faire dans nos côtes, quelquefois un peu de merlan, mais rarement.

Mon mari était obligé d'aller dans la roche sous falaise pour tailler du caillou que nous vendions dix francs le mille; il ne faisait pas grand gain, mais ça lui convenait mieux que de tisser. Ainsi, quand il est en mer, il est exposé au mauvais temps : quelque vague de mer pourrait l'engloutir; sous falaise, il peut lui tomber quelque pierre qui peut le tuer. Quand il est parti d'un côté ou de l'autre, je suis toujours inquiète, quand je le vois un peu en retard, et c'est toujours vivre inquiète et toujours dans la misère.

On dit que l'on s'habitue à tout : c'est bien vrai ; mais quelquefois, quand on a un petit moment de réflexion, que l'on a le moment de penser, je dis quelquefois :

— Mon Dieu ! quelle vie ! que je suis malheureuse !

Quelquefois tout à coup, je dis :

— On dit qu'il faut faire pénitence ; si je la fais dans ce monde, je ne la ferai pas dans l'autre.

On dit que faire son ouvrage avec patience, élever ses enfants dans la crainte de

Dieu, que c'est faire son salut ; mais le pire est que je ne pouvais pas seulement leur faire prier Dieu le soir. Quand je les faisais prier à un, l'un criait *maman*, les autres leur discutaient ; j'étais obligée de faire relever celui qui était à genoux, sans pouvoir lui faire faire une prière entière : je fus obligée de les faire mettre à genoux tous ensemble.

Quand les plus petits étaient au lit, je mettais les plus grands auprès de moi pendant que je réparais leurs habillements pour le lendemain.

Je leur donnais un livre avec une croix de Dieu, selon comme ils savaient, et puis je les faisais lire ; quand ils devenaient plus grands, je les envoyais à l'école.

Ils épargnaient le peu d'argent que je leur donnais le dimanche pour payer leur école.

Quand les plus grands venaient à être plus savants que moi, ils apprenaient aux plus petits, ils me tiraient de cet embarras ; les voisins qui venaient chez nous, voyant ces enfants faire l'école ensemble, s'admiraient de les voir.

Ils étaient plus paisibles avec leurs frères qu'avec moi : ils les prenaient si doucement, qu'ils leur faisaient faire tout ce qu'ils voulaient; je ne les ai cependant jamais frappés pour dire, mais quelquefois la patience m'échappait à crier un peu fort pour les faire obéir.

Ils venaient à se faire à mes emportements, ils n'y pensaient plus.

Il ne faut pas crier après des enfants pour se faire craindre, on est plutôt servi à les prendre par la douceur.

Quand on crie après eux, ils vous haïssent.

Prenez-les doucement, ils vous font des caresses journellement et vous obéissent de suite.

Quand ils sont grands, ils n'ont pas à vous dire :

— Vous m'avez élevé durement, vous m'avez battu.

J'en ai fait une fois frapper un par le père, il ne l'a jamais oublié en me disant :

— J'ai été battu une fois par votre faute.

VII

Comme la pêche du hareng ne fut pas forte cette année, et que nous avions besoin d'argent pour payer bien des choses, la saison du maquereau et celle de la petite barque ne furent pas bien avantageuses non plus. Le père et les enfants tinrent conseil de ce qu'ils devaient faire pour le plus avantageux.

Le fils aîné dit :

— Moi, papa, j'irai dans les grands bateaux, ça fera que nous en aurons des deux côtés ; si un côté manque, peut-être que l'on rappellera.

Je voulus m'y opposer en disant que dans les grands bateaux, on endurait toutes les rigueurs du temps, que l'on couchait pendant six semaines à la mer ; que, s'il venait mauvais temps, pendant ce temps-là j'aurais bien de l'inquiétude et bien de la peine, que depuis la paix il y avait beaucoup de monde resté là perdu.

Le père me répond :

— Tiens, si on regardait à sa personne,

personne n'irait ; il est d'aussi vieux marins comme de vieux bergers.

Le fils, qui avait envie d'y aller, dit :

— Je n'irai pas pire que les autres.

Le samedi suivant, il va à Fécamp avec un camarade s'accommoder pour la pêche ; il revint à la maison et dit à son père :

— Je suis accommodé avec Charles Monnier.

Son père lui dit :

— Ce n'est pas un grand pêcheur, mais c'est un homme bien prudent à la mer ; tu auras plus d'aiseté qu'avec tous les autres.

Le fils, qui n'avait jamais été qu'avec son père dans nos petits bateaux, n'avait pas beaucoup d'effets à lui seul.

Comme étant à l'âge de seize ans et demi aussi fort que son père, ils mettaient les effets l'un de l'autre. Pour se séparer, je fus obligée d'aller, comme à l'usage, à crédit lui faire faire une quantité d'effets pour lui faire sa pouche ; nous achetâmes six filets ; nous fîmes deux cents francs de frais en filets et effets. On gagnait depuis six à huit cents francs au lot dans les grands bateaux dans ce temps-là.

Nous disions :

— Nous gagnerons nos frais au moment du départ.

Je lui disais :

— Mon Dieu ! que j'appréhende ton départ ; quand je verrai de grands coups de vent, je saurai bien que tu seras en mer; où me mettrai-je pour ne pas entendre le vent souffler ? Combien j'ai hâte que tu sois de retour pour savoir comment tu seras, toi qui n'as jamais enduré de grands coups de vent avec ton père.

— Aussi, me dit-il, vous verrez que je n'aurai pas peur ; aussitôt rentré dans le port, vous verrez que je reviendrai vous voir de suite, jour ou nuit. Je n'ai jamais marché de nuit seul, mais je viendrai vous annoncer mon arrivée dans le port.

Comme nous avions un prêtre depuis quelques années qui était un peu difficile pour la communion, il exigeait que l'on sût le gros catéchisme ; beaucoup ne pouvaient pas l'apprendre, et bien des garçons surtout étaient restés sans faire leur première communion.

Nous en avions trois chez nous en âge de la faire qui étaient restés ainsi.

Ce prêtre vint à mourir ; il nous en vint un autre.

Dès son arrivée, il fit faire la première communion aux plus grands, surtout à notre fils aîné et à un camarade qui partait avec lui.

Ils communièrent quatre jours avant de partir.

Nous assistâmes à la messe toute la famille.

Ce fils était si joyeux, qu'au retour de la messe il va se jeter au cou du prêtre pour le remercier ; il lui donna un baiser de joie qui valait une couronne.

Je pleurai de joie de voir un enfant aussi satisfait qu'il était.

En arrivant à la maison, il me dit :

— Mère, à présent, je peux partir et aller à la mer, je possède celui que je désirais depuis longtemps.

Quatre jours après, il partit pour Fécamp armer son bateau. Le premier soir, ça m'était à charge d'en voir un autre manger la soupe dans son plat. Je dis :

— Grand Dieu ! quel effet ça me fait de voir cet enfant partir !

Il était l'aîné de douze dans l'instant ; la douzième avait trois mois au moment de son départ. Je fus à Fécamp le lendemain pour l'approvisionner de vivres et de tout ce qu'il lui fallait.

Comme nous n'étions qu'à dix-neuf années l'un de l'autre, on lui demandait sur le quai quelle parenté nous avions; il leur répondit :

— C'est ma sœur, riant comme d'usage.

Il me dit, quand nous fûmes écartés des marins :

— Ils croient que vous êtes ma sœur; ne me vendez pas avant de partir, je leur dirai en mer.

Quand nous eûmes fait ses provisions, je revins bien vite à la maison; car, depuis longtemps je n'avais pas quitté la maison d'un moment. Dans le moment, nous apprêtions les filets du père pour partir pour la saison de Dieppe.

VIII

Au moment où mon mari allait partir pour aller à Dieppe, il avait fait deux grands coups de vent; nous étions bien inquiets comment ça c'était passé au sujet de notre fils aîné. Plusieurs grands bateaux de Fécamp étaient de retour de leur démarrage; nous nous informions à tous les gens de ces bateaux s'ils ne les avaient pas vus; aucun d'eux ne les avait vus.

Mon beau-frère entra dans le moment; il nous dit qu'il les avait vus après le premier coup de vent, mais que le deuxième était plus dur que le premier.

Ça ne nous rassurait pas. Mon mari, prêt à pousser au large, me dit :

— Tu iras à Fécamp voir si on les a vus; tu m'écriras de suite, car je suis bien inquiet de savoir où il est.

Je différai encore quelques jours; je demandais à tous les pays qui arrivaient : aucun ne les avait vus. Mon mari, de son côté, demandait aux marins de Dieppe à mesure qu'ils arrivaient : ils ne l'avaient pas vu non plus. Il m'écrivit une lettre et me disait :

— Il m'ennuie beaucoup de ne pas avoir de nouvelles ; demande aux gens de Fécamp s'ils ne l'ont pas vu.

Je ne voulais pas le décourager, et je lui dis :

— J'ai encore espoir ; on les a vus, à ce que l'on croit. Si ce sont eux, ils ne vont pas tarder.

Je m'en fus à Fécamp. Quand je fus sur la côte, je vois une quantité de bateaux qui espéraient de l'eau pour rentrer. Je disais cette fois-là :

— Il faut espérer qu'ils sont du nombre.

Je fus sur le quai ; je demandai à un

vieux marin qui était entré la nuit, qui livrait son poisson, s'il n'avait pas vu un tel ; il me dit en faisant un soupir :

— Non, mon Dieu ! nous ne les avons pas vus !

Je lui dis :

— Vous m'avez l'air bien triste ; avez-vous quelqu'un à bord ?

Il me dit :

— Oui, mon Dieu ! j'y ai mon fils !

Je lui dis :

— Les croyez-vous perdus ?

Il me dit :

— Je n'en pense rien de bon ; nous voilà de retour de notre deuxième démarrage, et on ne les voit pas encore.

Je revins chez nous bien triste ; les jambes ne pouvaient plus me porter ; je pleurais tout le long de la route ; on me regardait descendre la côte pour savoir quelle nouvelle j'apportais. Une grande quantité de personnes m'arrêtaient au pied de la côte pour savoir quelque chose ; je n'avais pas le courage de leur parler.

Je gagnai notre maison ; je n'avais pas mangé depuis mon départ. En arrivant, je me jette à pleurer au lieu de manger ; j'espérais encore un peu que mon mari découvrirait quelque chose.

Je reçus une deuxième lettre qui me disait :

« Tu m'annonces que l'on a vu notre

fils : assure-t'en bien, car on a vu des débris en mer à leur égard. »

Il me donna un coup qui était plus fort qu'un coup de lance. Je disais :

— Mon mari, qui me connaît à l'égard de notre fils, comment me fait-il savoir une chose aussi affreuse que celle-là?

Le malheureux! ce n'est pas lui qui m'écrivait. Je gémissais de mon côté et lui du sien; on avait bien du mal à le faire rentrer à la maison où il logeait; il se couchait à plat-ventre contre terre sur le perrey sans pouvoir le faire relever. Tous les marins de chez nous étaient autour de lui pour ranimer son courage, et moi, de mon côté, je disais :

— Si mon mari était seulement chez nous pour nous raconter ses peines !

Enfin, je ne reposais pas seulement une heure la nuit. J'étais au désespoir ; je voyais tous les autres enfants pleurer autour de moi ; je n'avais pas le courage de leur parler. Je disais :

— Pourquoi élever des enfants ? et puis, quand ils sont grands, il faut les voir mourir. Il me semblait que je n'avais que celui-là d'enfant et que les autres ne m'étaient rien ; je regrettais cet enfant autant qu'il le méritait, car c'était un second père chez nous. Je me disais :

— Je sentais cela, car je mettais toute ma consolation dans cet enfant.

Tous les paroissiens le regrettaient et me disaient :

— C'est dommage, un enfant si doux et si beau !

Bien des personnes m'avaient dit dès son enfance :

— C'est bien dommage que cet enfant n'appartienne pas à des personnes riches; ça ferait un beau personnage s'il avait l'esprit cultivé, car il annonce ce qu'il fera.

Je ne lui ai vu jamais d'emportement, jamais il n'a juré une fois.

Il est bien vrai de dire qu'il ne faut pas s'enorgueillir de ce que l'on a de beau, car on a bientôt perdu ce que l'on aime.

Pendant plus de six mois, je ne pouvais pas prendre le manger ; au bout de six mois, je fis une petite maladie : je n'avais pas peur de mourir ; je ne comptais pas du tout la vie ; je n'avais pas le courage de sortir de notre maison.

Le médecin vint ; il me mit à la diète huit jours à ne boire que de l'eau de sureau.

Au bout de huit jours, je recommençai à prendre un peu de nourriture ; le monsieur qui était notre armateur me fit passer deux bouteilles de vin, que je buvais avec de l'eau et un peu de bouillon au poulet.

Je me revins un peu ; le curé de la paroisse vint me voir quelquefois pour me donner des consolations : c'était un bon pasteur ; il était l'ami des pauvres et leur soutien. Il me dit :

— Ma chère, il faut vous consoler ; ces malheureuses femmes qui sont chargées d'enfants, qui ont perdu leur mari avec votre fils, sont plus malheureuses que vous.

Je lui répondis :

— J'avoue que c'est bien malheureux d'avoir perdu son mari ; mais vous savez que bien des femmes, un temps passé, aspirent quelquefois pour retrouver un homme ; quand elles sont mariées, elles ont un homme, et moi, quand je parcourrais le monde entier, je ne retrouverais pas mon fils, je sais bien qu'elles sont malheureuses d'avoir perdu leur homme, chacun prend sa peine telle qu'elle est.

Depuis le départ de mon fils, je le pleure mort, et je l'attends tous les jours par terre ou par mer ; quand on n'a pas vu mourir, on ne peut se figurer qu'ils ne reviendront pas. Si je vois un navire en mer qui soit plus près que d'usage, je crois qu'il vient nous l'apporter ; si je vois une personne dévaler la côte, je regarde si ce n'est pas lui : on est toujours inquiet ; je n'ai jamais eu un moment de repos.

Depuis mon mariage, que de tourments ! et je n'étais pas encore quitte, car la seizième année je fus enceinte du treizième enfant. Si j'avais été malade à les porter longtemps dans mes couches, je n'aurais pas eu le temps de me rétablir qu'un autre serait venu.

IX

Mon mari de retour de Dieppe, je fus à l'arrivée du bateau comme d'usage, de peur que mon mari ne croie que je fusse malade en ne me voyant pas à virer. De retour à la maison, le cœur nous creva à tous deux ensemble en disant :

— Que nous sommes malheureux ! Nous

commencions à en avoir un pour nous aider à élever les autres, le voilà perdu ! Que la mer est affreuse ! je ne crois pas qu'elle nous en prenne d'autres ; je ne les mettrai pas en mer.

Le troisième, qui n'avait pas du tout de goût pour la mer, dit :

— Je n'irai pas non plus, moi ; je resterai à tisser jusqu'à ce que je sois grand.

Le deuxième partit pour aller au Havre chercher une place de vapeur ; il s'engagea pour mousse. Au retour de la saison du hareng, le père fut s'y engager aussi ; il remit le commandement du bateau. L'armateur lui dit :

— Je ne te tiens pas d'y aller ; fais pour le bien.

Aussitôt que le père y fut, le deuxième revint, il ne s'y plaisait pas ; le troisième y fut à sa place : il nous envoyait quatre-vingts francs par mois. Nous avions toujours la mère et la sœur de mon mari à nourrir, et le pain était cher. Nous mangions pour soixante francs de pain par mois, et puis, les entretenir d'habillement et les nettoyer. Nous étions bien bornés ; il ne fallait pas aller trop vite. J'accouchai du treizième enfant, ça coûte toujours quelque chose; quoique nous ne fassions pas de baptême, ça paraît toujours dans les petites bourses.

J'écrivis à mon mari que j'étais accouchée

d'une fille ; comme c'était la huitième, il me répondit :

— Tu ne risques rien à présent ; tu peux bien établir un couvent pour les mettre toutes, il nous en faudra bien comme ça pour faire fortune.

Au retour de son voyage de Paris, il trouva une place au quatrième ; il y fut aussi, mais il n'y resta pas longtemps ; il se trouvait avec des matelots qui étaient beaucoup dépenseurs ; nous fûmes obligés de le faire revenir à la maison, de peur qu'il ne prenne une mauvaise habitude. Le troisième avec son père savait un peu tisser ; il faisait des commissions à l'un et à l'autre, toujours prêt à partir ; il s'épargna de quoi s'avoir un habillement et une montre outre son mois.

Quand j'allais au Havre pour recevoir leur mois, il me donnait son argent à porter chez nous en me disant :

— Si vous en avez besoin, servez-vous-en, vous me le remettrez quand je serai de retour à la maison.

Retournant à Paris de suite, comme c'était au moment que les Suisses passaient par bandes pour aller à l'étranger, en dévalant la rivière, une femme lavait son linge ; elle ne réfléchit pas combien la vapeur va vite ; il en fallait une seye pour puiser de l'eau ; la seye pleine enleva la femme à la rivière ; on crie :

— Sauve la vie !

Mon mari, nerveux comme Hercule, se jette à l'eau bien vite, car la vapeur avait déjà fait de la route, se précipite bien vite, plonge dans l'eau, la rattrape par les cheveux, la ramène à la vie. Tous les passagers du bord le félicitèrent de son dévouement, lui donnèrent quelques pièces d'argent ; les marins et le capitaine firent une pétition au ministre pour lui ; il reçut une médaille en argent, dont il est porteur, et quatre-vingts francs. Il fut lui-même au ministère ; ils lui demandèrent s'il était content comme ça, qu'ils lui donnaient pour lui et pour sa nombreuse famille. Il les remercia bien en leur disant bien des choses, en leur observant qu'il avait fait bien d'autres sauvetages que celui-là, qu'il n'avait pas été écouté. qu'il avait conduit bien des navires dans un port et dans l'autre, qu'il demandait une pratique devant notre rade ; il s'est exposé bien des fois à perdre la vie pour sauver son semblable.

Il a une fois perdu son canot derrière un navire par le mauvais temps qu'il faisait ; dans l'instant, il fut obligé de conduire le navire dans Saint-Valery, vu qu'il ne marchait pas ; le capitaine, fatigué de la mer, lui dit :

— C'est la terre qu'il faut, nous n'avons plus de vivres, nos marins n'en peuvent plus, il faut nous mettre dans le premier port que nous pourrons rentrer.

Et il les mit dans Saint-Valery. Il en a entré lui-même dans Fécamp et dans le Havre ; les pilotes ne pouvant pas sortir par le mauvais temps, il les a tous bien conduits dans le port, et il était payé comme pratique et bien vu de tous les commissaires qui le voyaient paraître devant eux. Mon mari restait toujours dans la vapeur : nous ne fûmes pas toujours gagnant, car la saison du hareng à Dieppe fut bien peu avantageuse cette année-là. Nous avions toujours du pain, mais nous ne pouvions pas payer l'arriérage que nous avions. Je devins enceinte du quatorzième enfant, la famille croissait toujours, le mal venait toujours de mal en pire : c'était toujours de grands embarras pour moi de soigner tout ensemble le père et les enfants. Le père m'enlevait toujours les plus grands et me laissait tous les petits ; je leur portais tous mes soins possibles, je n'aimais à les entendre pleurer que le moins possible ; c'était pour moi une grande fatigue, je ne savais quelquefois où j'allais.

Notre boulanger et notre épicier demeuraient dans la même rue ; il m'est arrivé bien des fois d'être à la porte de l'un pour aller chez l'autre ; je relevais la tête, et puis je me disais :

— Tiens, ça n'est pas celui-là où je vais.

Je regardais si personne ne s'en apercevait, et puis je reprenais ma route en riant de moi.

Le plus souvent je courais au galop quand je montais en haut pour chercher quelque chose que j'avais besoin ; quand j'étais montée, je ne savais plus ce que je venais de chercher ; je revenais à mon ouvrage, et puis je m'apercevais de ce qu'il me fallait, et je recourais de suite.

Quand il faisait froid, et qu'il fallait coucher tous les enfants l'un après l'autre, les réchauffer, les emmailloter, je n'étais pas quitte d'un côté qu'il fallait recommencer par l'autre qui pleurait ; je parvenais par aller me coucher avec le dernier dans mes bras jusqu'au lendemain. Je ne pouvais pas seulement prier le bon Dieu, je lui offrais mon cœur et puis c'était tout ce que je pouvais lui dire. La nuit, je me levais pour faire le tour à tous les lits, voir s'ils n'avaient pas froid, mettre du linge sec à ceux qui étaient mouillés, car je n'aurais pas été à mon aise si je les avais négligés de leurs besoins. Le matin je me levais bien vite, voyant que plusieurs étaient éveillés ; je m'habillais en marchant ; la prière du matin était de dire, en dévalant l'escalier :

— Mon Dieu, je vous offre la journée que je vais faire aujourd'hui ; faites que je fasse rien qui soit contraire à votre sainte volonté.

Et puis je me mettais à la besogne.

Nous demeurions sur le passage de cette dame, belle-mère de l'ancien notaire ; elle venait souvent me voir en passant, s'asseyait un moment pour contempler tous ces petits enfants, et me disait quelquefois :

— Vous êtes encore bien heureux que le bon Dieu vous donne tous ces enfants sans infirmités ; ils sont tous bien portants, c'est encore quelque chose de bien joyeux pour vous.

Elle m'apportait quelquefois du linge pour leur faire de petites chemises, et de ces restes de fricots ; il fallait voir tous ses enfants la chérir quand ils la voyaient.

Je fis rencontre un jour du curé ; comme

il était bien parlant, nous causâmes un peu ensemble, il me dit :

— Mais, ma chère, je ne vous vois pas souvent au confessionnal.

Je lui dis :

— Mon cher pasteur, croyez-vous pouvoir m'imposer une pénitence plus dure que celle que je fais journellement ? On dit qu'il faut souffrir avec patience ; eh bien, me voyez-vous me plaindre à quelqu'un ? A me voir le cœur gai, on dirait qu'il ne me manque rien.

Il me dit :

— C'est vrai que je ne vous vois jamais vous plaindre.

X

Mon mari, toujours encore dans la vapeur avec le troisième fils : ce fils était donc mousse, il faisait la cuisine chez la femme d'un mécanicien ; elle eut connaissance que j'étais enceinte, elle lui dit un jour :

— Ta mère est enceinte?

Il lui répondit :

— Je crois que oui.

Elle lui demanda qui serait marraine pour le nommer

Il lui dit :

— Je ne sais pas, on ne prie jamais chez nous d'avance, on dit que ce n'est pas de chance.

Elle lui dit :

— Si ta mère veut, je serai la marraine.

— Vous lui demanderez quand elle viendra chercher notre mois.

Quand je fus au Havre, mon fils me dit cela en arrivant, et je fus chez elle avec lui pour faire la cuisine ; elle me demanda de suite qui nommerait l'enfant que je portais ?

Je lui dis, comme l'enfant lui avait dit, que l'on ne priait jamais personne d'avance.

Elle me dit :

— Quel drôle de pays! on ne peut pas faire d'apprêts pour la toilette.

Et je lui dis :

— Chez nous, on y va tout bonnement tel que l'on est.

— Eh bien, si vous voulez, je le nommerai.

Je lui dis que c'était bien de l'honneur pour nous, qui étions de pauvres gens ; que je ne savais pas avec qui la mettre ; que je ne trouverais pas quelqu'un convenable chez nous.

Elle me dit :

— Priez le mécanicien du bord de votre mari, il ne vous refusera pas.

Prier un homme que je ne connaissais que pour l'avoir vu un peu à bord de mon mari, j'étais bien inquiète; comment m'y prendre pour déplacer un homme de six lieues? Je fus à bord, je me priai bien avant que de parler, et tout d'un coup je pris la hardiesse de lui demander ; il me promit en me disant qu'il n'aimait pas bien cette fête-là, mais que, connaissant mon mari, il ne le refuserait pas.

Je revins chez nous; en chemin faisant, je ruminais comment m'y prendre pour recevoir des gens de la ville chez nous; j'appréhendais presque autant le baptême que l'accouchement. Mon mari part pour faire un voyage à Paris ; il n'y avait pas deux jours qu'il était parti du Havre que j'accouchai. Comme le parrain était embarqué avec lui, ce fut déjà un grand embarras pour moi ; c'étaient des voyages de quinze jours ou trois semaines. J'écrivis au Havre à la marraine que j'étais accouchée d'un garçon, et qu'elle envoie la lettre à la suite de la vapeur, pour le faire savoir à mon mari et au parrain. Quand ils reçurent la lettre, qu'ils lurent de suite, qu'elle leur apprenait que c'était un garçon, ils furent bien contents, le père et le fils. Comme nous avions déjà eu huit filles, c'était une fête pour mon mari que d'avoir des garçons.

La fête ne dura pas longtemps ; comme c'était au moment du choléra, il mourait beaucoup de monde. Quand ils furent à Paris, c'était le plus fort du mal ; mon mari fut pris de peur : il s'affectait beaucoup ; ils ne se nourrissaient que de vin et de thé pour se soutenir ; ils avaient bien hâte d'être revenus. Il m'écrivit qu'il avait reçu ma lettre, qu'il était bien content, mais que le mal était si grand, qu'il avait bien peur de rester en route, lui et son fils. D'un autre côté, la servante du curé vint chez nous me dire qu'il fallait pour attendre le parrain, faire ondoyer l'enfant et payer la dispense, qui me coûta sept francs, et que j'empruntai en disant :

— Je vous payerai avec le mois de mon mari quand il sera de retour.

Le samedi de Pâques, mon mari arriva avec son fils, bien embarrassé, croyant avoir le choléra.

Il me dit :

— Je ne croyais pas vous revoir.

Je le remis du mieux que je pus en lui disant :

— Ce n'est que la peur qui te tient ; à présent que tu es chez nous, ça va mieux faire.

Quand il fut question du parrain et de la marraine, il me dit :

— Ils viendront dimanche. Et avec quoi vas-tu faire le baptême ? Nous n'apportons pas d'argent ; nous avons dépensé tout pour nous soigner en route; sans cela, nous serions morts.

Il fallait voir l'embarras! Notre pain pas payé, comment en retourner chercher? quand dirai-je que je le payerai à présent? Je réfléchis un peu, et je vais trouver le boulanger ; je lui dis l'affaire, et il me donna quelques pains. Mon mari retourna bien vite dans sa petite barque avec trois de ses garçons. Nous avions bien du mal à nous fournir de filets, car, quand on n'a pas d'argent, on ne se fournit pas si vite le besoin.

Le samedi, le parrain et la marraine arrivèrent en char-à-bancs; on aurait dit qu'ils venaient chez des millionnaires. On mène le cheval à l'auberge, et puis on les amène chez nous; je les appréhendais et admirais tout ensemble. J'aurais voulu que tout fût fait dès le soir. L'on fit cuire un peu de poisson pour leur souper, et puis on conduisit la marraine coucher chez une voisine dont le mari était à bord de la vapeur aussi. Le parrain dépose sur la table un morceau de sucre; il ne dit pas pour qui; je n'osais y toucher. Le lendemain il fallut faire le café; je n'en avais jamais fait; je demandai à une voisine, qui vint me le faire.

Le moment d'aller à l'église arriva; je fus porter l'enfant; comme il avait dix-huit jours, je relevai aussi le même jour, et puis on vint à la maison pour dîner, ce que j'appréhendais beaucoup. Je puisais tous les sous des poches de nos enfants pour pouvoir fournir tout ce qu'il fallait au dîner. J'avais bien peur qu'ils ne s'aperçoivent de mon embarras. Le dîner passé, je croyais qu'ils allaient repartir de suite. Hélas! ils sont restés quatre jours! il fallait voir mon embarras! Il fallait emprunter tous les jours, de peur de leur manquer de quelque chose. Si ç'avait duré, je serais tombée malade. Quand on est pauvre, il ne faut pas sortir de son pays pour avoir des parrains et des marraines; que l'on prie de pauvres gens comme soi, on n'est pas si embarrassé; on sert un repas à l'usage, pois ou grosse viande; ça semble bien bon quand on est accoutumé à ne manger que du pain et des pommes de terre.

Le parrain étant resté au Havre et la marraine aussi, je fus les voir avec le filleul quand il marcha seul. Quand je fus arrivée chez la marraine, elle fut dire au parrain que j'étais venue avec le filleul. C'était à qui ne me donnerait pas à dîner ; il était grand temps que la voiture parte pour revenir chez nous, je crois qu'ils étaient encore plus embarrassés que moi de me nourrir un repas, moi et l'enfant. Je disais dans moi-même :

— Ce n'était pas la peine de me donner tant d'embarras ; eux qui en ont, ils me sont ingrats, et moi qui aurais voulu en avoir à leur donner !

Le parrain avait dit au baptême qu'il l'habillerait en garde national quand il serait en culotte ; je ne l'ai jamais revu ni entendu parler.

XI

Mon mari alla toujours jusqu'alors dans sa petite barque ; un jour, il avait beaucoup de poisson, et, ne voyant pas de mareyeurs, il dit au troisième, qui n'avait pas du tout de goût pour la mer ;

— Tu vas aller porter notre poisson à Yport avec ces deux marins dans leur canot ;

pendant ce temps-là nous allons pêcher des chatrouilles pour remettre des cordes à la mer ce soir.

L'enfant si obligeant, y fut pour ne pas désobéir à son père ; étant à Yport, le poisson se vendit bien ; les deux marins qui étaient avec lui aimaient beaucoup à boire, et se mirent en ribotte. Le vent venait de plus fort en plus fort ; l'enfant ne savait que faire, s'il devait revenir par terre ou par mer, en disant :

— Si je reviens par terre, mes frères vont me railler et me dire :

— Mauvais matelot, tu as eu peur d'aller avec deux ivrognes ; peut-être que j'aurais une mauvaise marée.

Si l'argent n'eût pas été dans le canot, il fût revenu à pied. Quand il fut en mer, le vent forcissait toujours ; quand il fut en travers de notre pays, il reçut une lame de mer qui emplit presque le canot ; les deux hommes ivres étaient couchés dans l'eau au fond du canot ; ce pauvre enfant ne savait de quel côté courir ; il se disait :

— Si la deuxième lame vient, nous sommes par le fond.

Il n'avait pas de gamelle pour jeter l'eau, il se servait d'un vieux panier qui se trouvait dans le canot ; quand le panier venait sur le bord du canot, il était presque vide. Il largue l'écoute du borset pour venir debout à la lame ; le tape-cul le remet en travers ; il s'élance pour passer derrière les mauvais marins, qui, ne sachant ce qui arrivait, lui disaient :

— Si tu touches à quelque chose, nous t'allons trancher à coups de couteau.

Il craignait qu'ils ne le fassent tomber dans l'eau avec eux ; quand il vit cela, il se déshabilla nu, prêt à se jeter à la nage ; si le canot fonçait, il se serait mis sur un morceau de bois, et puis à la grâce ; il savait très-bien nager ; mais, comme la marée était forte, il n'aurait pas pu douter que je regardais la mer. Je vois cet enfant dans sa malheureuse position ; la mer était bien rude ; je disais à des marins qui étaient là :

— Mais dites-moi un peu, comment font-ils donc? leur borset est en bannière ; mais courez lancer un canot pour les secourir bien vite.

Mon frère, qui était là, me dit :

— Il n'y a pas de danger.

Effectivement, ils pouvaient se sauver s'ils avaient eu de bons marins; mais la Providence tombe toujours sur ceux qui s'y réclament.

Il parvint à venir à terre ; j'étais au bord de la mer à le regarder arriver.

Quand il fut à terre, il sauta bien vite du canot et vint se jeter à mon cou, tout nu.

— Ma pauvre mère, je ne croyais pas vous revoir.

Et moi, je ne le croyais pas si exposé qu'il était, car j'aurais forcé les marins d'aller le secourir.

Il me fit donc le récit de ce que je viens de vous dire ; il me dit :

— Je croyais bien mourir, comme mon pauvre frère, mais aussi je n'y retournerai pas ; je vais travailler de mon mieux jusqu'à vingt ans, et puis mon oncle m'apprendra son métier de bourrelier ; il n'a pas de garçon, il veut bien me l'apprendre pour deux ans de mon temps ; il m'épargnera les cent cinquante francs qu'il faut encore que d'autres donnent avec.

Son père lui dit :

— Je veux bien, car je voudrais n'en avoir aucun de matelot, il y aurait bien assez de moi à être malheureux.

XII

Le deuxième fils avait toujours envie d'avoir un bateau en commandement; le père dit :

— Si je trouve quelqu'un qui veuille faire part avec moi, je t'en ferai faire un.

Mon frère, qui avait un capestran, dit :

— Nous en ferons un ensemble; cherche

qui nous avancera de l'argent : c'est un marché de trois mille francs ; il faut toujours que nous en payions un peu comptant.

Nous le demandâmes à plusieurs ; il se trouva un vieux cultivateur, homme d'affaires de M. Gerville, qui nous offrit mille francs et en avoir le sou pour, comme font les autres chez nous.

Mon mari me dit :

— Vois cet homme, il nous offre mille francs si tu veux prendre compte des marées toute la semaine, recevoir l'argent des mareyeurs ; il viendra tous les samedis régler avec toi.

Je lui dis :

— C'est bien de l'embarras pour moi

avec tous mes enfants ; mais c'est égal, il ne tiendra pas à moi.

Nous commandâmes un bateau au charpentier pour la saison du hareng ; nous partageâmes les mille francs au cordier, au maréchal et au charpentier. Nos marins gagnèrent deux cents francs au lot à la saison de Dieppe ; comme nos bateaux levaient deux lots, ce furent quatre cents francs que nous donnâmes aux créanciers et au bon cultivateur, qui prenait un lot en acquit. Quand la saison était finie, nous lui portions son lot ; il nous faisait faire bonne chère, un repas de Lisieux ; c'était une fête pour nous deux fois par an.

La fête ne dura pas longtemps pour moi :

comme il y avait trois ans que nous n'avions eu d'enfants, je croyais ne plus en avoir, je devins enceinte du quinzième, dont j'accouchai le 15 juin, dans le milieu de la saison du maquereau, ce qui nous fit grand tort, car jusqu'alors je n'avais pas eu de couche bien dure; mais, cette fois-là, il m'en souvient, on m'accoucha de force.

Je fus deux jours bien malade, on m'entendait crier de loin ; tous nos enfants tournaient autour de la maison, espérant toujours que cela finirait pour venir à la maison tous bien tristes. J'accouchai à deux heures après minuit ; on appelait les marins pour partir pour aller au maquereau.

Avant de partir pour embarquer, ils vinrent tous trois me voir à mon lit en me disant :

— Nous voulons voir notre matelot avant de partir pour la mer.

Quand je vis mes enfants si sensibles pour moi, je pleurai de joie. Le père resta à la maison ce jour-là pour faire la déclaration de l'enfant et pour chercher un parrain et une marraine, quoiqu'il fût bien fatigué. Quand il fit jour il vint auprès de mon lit et me dit :

— Je vais aller chez le curé lui dire que nous avons un enfant de né.

— Je lui dis :

— Tu vas chez le curé lui dire que tu as un enfant ; eh bien, demande-lui s'il veut en être le parrain.

Il me dit :

— A quoi penses-tu ? Un homme aussi riche que lui être parrain chez des pauvres gens comme nous.

— Eh bien, pauvreté n'est pas honte; nous sommes pauvres sans tache.

Il me dit :

— Je lui demanderai bien ; s'il ne veut pas de bon cœur, rien de force.

Nous le connaissions un peu ; nous lui fournissions du poisson et de la rocaille quand il lui en fallait. Il lui demanda ; ce brave homme lui dit :

— Ça ne me convient pas bien, mais je ne vous refuserai pas ; donnez-moi une marraine bien vieille, c'est mon désir.

Il revint chez nous me dire comment cela s'était passé. Il me dit :

— Une marraine à présent ?

Je lui dis :

— Cette bonne dame, la belle-mère de l'ancien notaire qui est âgée de soixante-dix-neuf ans, qui nous est si bonne, demande-lui si elle voudrait bien nous rendre ce service.

Il fut la voir en tremblant, car l'homme n'est pas bien hardi ; il lui dit son affaire.

Elle lui dit :

— J'ai refusé plusieurs fois ; j'ai payé des personnes pour le faire à ma place ; mais je ne vous refuserai pas ; comptez sur moi.

Il revint bien content d'être débarrassé de cet embarras ; comme c'est l'usage chez nous que toutes les femmes demandent qui est-ce qui nomme chez un tel, on demandait comme de coutume :

— Qui est-ce ?

La garde leur disait :

— C'est M. le curé.

— Enfin, dites-nous qui.

— Je vous le dis, vous ne voulez pas le croire.

Souvent quand on ne veut pas dire chez qui l'on va, on dit :

— Chez M. le curé, ou : c'est M. le curé.

Ils croyaient que c'était pour ne pas vouloir leur dire ; beaucoup n'ont pas voulu le croire qu'ils ne l'aient vu avec la marraine.

Le baptême se fit le même jour de la naissance ; ils se disaient en marchant :

— Nous nommons précisément un quinzième au 15.

Les femmes avec leurs enfants leur demandaient des dragées : le parrain leur disait :

— Vous vous trouverez demain à la classe, j'irai en porter.

Par derrière étaient la domestique du curé et la bonne de la marraine, qui en donnaient à volonté. Il revinrent à la maison vers le soir ; on fit le repas du baptême ; nos enfants étaient de retour de la mer, et se mirent tous à table pour accompagner le parrain et la marraine, et les parents.

La fête se passa très-bien ; toutes les curieuses étaient bien dans l'embarras comment nous allions nous y prendre pour recevoir des gens comme ça chez nous.

— Si elle en a encore, qui priera-t-elle? Ce sera donc Louis-Philippe.

Comme vous savez que l'on a toujours des jaloux contre soi, nous n'avions cependant pas un sort heureux ; mais comme nos enfants n'ont jamais été mendier de pain à leur porte, ils s'inquiétaient toujours comment nous pouvions faire ça.

— Mais elle ne se plaint pas ; elle fait tout ce qu'elle veut bien, au contraire.

Nous avons bien du mal, nous faisons ce que nous pouvons ; des gens qui élèvent une grande famille sans bien ni revenu n'ont jamais que bien du mal à espérer.

Cette fois-là, je restai trois semaines dans mon lit sans pouvoir mettre le pied à terre ; je m'étais trouvée blessée d'efforts au moment de remettre des filets à bord de la petite barque ; ils n'étaient pas réparés ; mon mari, qui allait toujours en mer, ne pouvait pas les travailler ; il commençait à voir un peu ce que je lui valais.

Il vint auprès de mon lit bien embarrassé ; il me dit :

— Mon Dieu ! je n'ai pas de filets de prêts, voilà demain le moment de la montée.

Je lui dis :

— Prends courage, je vais mieux ; je tâcherai de me lever demain.

En effet, je me levai, je me mis à travailler un peu, et puis je me reposais un moment ; je parvins à lui en donner la moitié, et, le lendemain, le reste, comme il les portait en deux fois et les retirait en deux fois, une pêche qui se fait tous les matins pour pêcher la raie et les turbots ; et notre deuxième fils conduisait donc notre bateau qui fait la pêche du maquereau ; il fallait aller virer l'un et l'autre pour les retirer de l'eau, tout incommodée que j'étais. Je m'en suis sentie six mois.

Je disais :

— Est-il possible d'avoir eu un quinzième pour m'incommoder; sans cela, je ne m'apercevrais pas du tout d'en avoir eu quatorze !

XIII

Au bout de deux ans que nous avions le bateau, il se trouva un ancien marin qui avait une barque de pêche à raie et à turbot; ne s'accordant pas bien avec ses enfants, il nous dit :

— Tiens, si tu veux, je te vendrai ma barque et le capestran.

Nous lui demandâmes deux jours pour lui rendre raison : il nous demandait sept cents francs. Je courus trouver le vieux cultivateur, et lui demandai s'il voulait encore nous avancer sept cents francs pour faire cet achat. Il me répond :

— Achetez, je vous donnerai ce qu'il vous faut.

Je vais trouver le bon marin ; je lui dis :

— Je viens pour clore le marché, que nous closîmes de suite.

Un moment après, quand les autres le surent, on nous offrait deux cents francs de profit si nous avions voulu le donner. Comme ça nous en faisait trois grands et petits, nous étions bien aises d'avoir un capestran en cas de besoin. Effectivement, l'année suivante, nous ne nous arrangions pas très-bien avec la femme de mon frère ; nous avons été obligés de vendre le bateau, ne pouvant plus céder davantage.

Je fus retrouver le bon cultivateur ; je lui dis l'affaire ; il me dit :

— Je n'en suis pas surpris.

Je lui demandai s'il voulait avoir affaire à nous encore ; il me dit :

— Achetez en votre nom le tout.

Nous avons pris le marché par estimation faite par d'autres marins. Nous voilà propriétaires de trois bateaux à nous seuls ; nos enfants se disaient entre eux :

— Nos parents achètent toujours ; mais,

à la fin de cela, comment fournir assez de filets pour l'un et assez de gréement pour l'autre ? J'ai bien hâte de voir comment ça ira pour la saison.

Au moment de l'armement, tout ce qui était nécessaire se trouva fourni ; nos enfants nous dirent :

— Nous avions bien peur que quelque chose ne manquât ; pour ne pas faire une paix honteuse, les marins en disaient autant que nous, et beaucoup n'auraient pas été fâchés ; ils s'inquiétaient beaucoup comment vous vous y prenez pour faire tout cela.

Et je leur dis :

— Certainement, je ne vais pas leur dire mon affaire par le menu ; mes fils, c'est pour vous que je fais cela, pour vous en donner chacun un à commander ; tâchez de rester avec nous quelques années pour nous aider à payer un peu de nos dettes.

Ils le promirent, mais je crois, du bout des dents.

L'année suivante, on me demanda le plus âgé pour le service ; je fus au bureau avec lui faire mes réclamations; je l'obtins pour manque de dents; il en avait beaucoup de moins.

Au bout de quatre mois, on l'appelle derechef; il était parti à Dives avec son père chercher une batte de pommes; je fus au bureau à sa place; je trouve M. le commissaire et je lui dis :

— Vous demandez notre fils, vous savez que vous l'avez renvoyé il y a quatre mois pour manque de dents.

Il me dit bien des choses; je lui en dis aussi; nous nous quittâmes en disant que, quand il serait de retour, il se rendrait au bureau. Étant de retour, il y fut, et il se dégagea l'année suivante. Il avait une particulière qu'il fréquentait depuis plusieurs années; il me prit à l'écart; il me dit :

— Ma mère, c'est pas ça, il faut me marier; ma prétendue est enceinte.

Je lui dis :

— Malheureux enfant ! tu n'as pas encore vingt-deux ans; est-ce comme ça que tu vas nous aider à payer nos dettes ?

Nous l'avons marié, nous lui avons donné tout ce qui s'ensuit du ménage à usage d'homme, en disant que nous sommes malheureux ; mais enfin il en a gagné comme un père, il ne faut pas qu'il soit tout à fait victime si nous sommes malheureux ; nous lui en avons donné la valeur de six cents francs en filets et autres ; il commandait toujours le plus grand bateau. Les années étaient à peu près bonnes pour la pêche ; nous nous retirions à peu près du plus grand embarras.

Il vint que, l'hiver suivant, il fit un grand hiver : la terre fut couverte de neige longtemps. Comme mon mari avait l'usage de faire la pêche, il faisait aussi celle des cornailles à terre ; en allant porter du fumier à sa fourme, il glissa et se cassa la jambe. Ce fut pour moi un double embarras : le long des nuits aussi froides, debout, à arroser cette malheureuse jambe, les frais du médecin : et, souvent, comme un malheur ne vient pas sans l'autre, mon fils, qui commandait notre bateau, arrive à la maison. Je crus qu'il venait voir son père; je le vois paraître avec un air triste ; je lui demande :

— Qu'as-tu donc? tu me parais inquiet.

Il me dit :

— M. le commissaire me rappelle ; sans doute qu'il faudra cette fois-ci que je parte.

— Ah! que c'est malheureux pour nous; tous nos bateaux vont rester sans navigateurs! Ton père dans le lit, toi parti, il faut donc que nous en voyions de bien des sortes !

Il fut au bureau réclamer sur le malheur de son père; rien ne put les gagner. Il revint près de son père et lui dit :

— Il faut que je vous quitte, et ma femme et mon enfant.

Il dit adieu à son père en pleurant son sort de le voir dans son lit.

— Je plains plus votre sort que le mien ; mais il faut espérer que, dans trois ans, le bon Dieu nous réunira.

Et puis il partit.

Le soir on vient frapper à notre porte : c'était son beau-frère, qui demeurait au Havre, qui était venu avec lui. Il nous dit :

— Votre fils est chez lui au lieu de passer par Cherbourg.

— Dites-nous comment cela se peut faire.

— Je vais vous dire : votre fils, faisant route avec son sac sur le dos depuis Bleville jusqu'au Havre, a fait route avec un monsieur qui lui a demandé : — Où vas-tu, mon ami? Est-ce que tu vas au service avec ton sac? Il lui a dit : —Oui, monsieur.— Es-tu bien content d'y aller? — Pas trop, car je laisse mon père bien embarrassé. Il lui dit comme il l'avait laissé ; il lui répondit : — C'est bien malheureux! Comment, tu n'as pas pu te dégager? Tu vas venir chez moi ; je demeure telle rue, tel numéro ; viens chez moi à deux heures.

nous verrons. Il a été trouver ce brave monsieur, qui lui dit : — J'ai déjà été au bureau pour toi, nous allons y retourner ensemble.

Ils furent au bureau, et il obtint de revenir chez nous : c'était comme un miracle de le voir revenir quand nous le croyions à Cherbourg.

Mais notre joie ne dura pas longtemps ; un mois après, on fit une levée au bureau ; un des marins qui partaient pour le service le dénonça au Havre : en passant, il dit au commissaire qu'il n'était pas plus chargé de famille que lui, enfin tout ce qu'il a bien voulu dire. On le rappela. Ce bon monsieur, le directeur de l'hospice, fit tous ses efforts pour lui, il n'y eut pas lieu de s'en parer.

Il lui dit :

— Mon ami, il faut partir, vous êtes dénoncé.

Il lui donna une lettre à porter à un capitaine de frégate qui était un de ses amis, pour lui donner une protection, et lui dit :

— Je ne puis rien faire pour toi à présent, il faut que tout marin fasse son service.

Étant à Cherbourg, il fit connaissance d'un capitaine de corvette qui était marié à la cousine de sa femme, qui le protégeait beaucoup. Il venait au quartier le voir, notre fils allait chez lui ; il lui apprenait à écrire.

Un jour ce brave cousin, ne le voyant pas venir, fut au quartier voir où il était. On lui dit qu'il était à l'hôpital, bien malade. Il y tut et dit à la sœur qui le conduisit à son lit :

— Ayez bien soin de cet homme-là.

En effet, elle fit tout son possible pour le ramener à la vie ; à peine reconnut-il le bon cousin.

On nous écrivit que notre fils était à l'hôpital, mais qu'il allait mieux. Je m'impatientais, j'aurais voulu avoir des nouvelles tous les jours. Il nous demanda un certificat comme quoi son père était dans l'impossibilité de conduire son bateau ; nous lui fîmes parvenir, et il obtint un congé de convalescence.

Sitôt qu'il put marcher, il vint se rétablir au pays.

Le père n'était pas encore rétabli de sa jambe, il marcha six mois avec des béquilles ; les autres bateaux étaient armés pour la pêche du maquereau.

Pendant qu'il se rétablissait, nous trouvâmes un homme par charité qui commandait notre bateau pour un moment. Le père allait à la pêche dans sa petite barque ; pour remonter le galet, il marchait sur les genoux et reprenait ses béquilles quand il était à terre. Il fallait avoir autant besoin de gagner pour qu'il aille à la mer dans sa position. Le fils, se sentant à peu près de force, se mit à conduire notre bateau : plus il allait en mer, plus la force lui revenait. Étant bien aise de lui voir reprendre sa mine et sa force, je le visitais tous les jours en arrivant. Un jour, le père avait pris le commandement du deuxième bateau ; ils étaient tous deux dans chacun le leur ; il survint un orage très-fort sur mer, et, comme j'ai toujours eu bien peur de l'orage, lorsque j'en vois apparence, je vais toujours chercher mes enfants et je les conduis chez nous. Voyant cet orage aussi fort, je vais chercher jusqu'à ceux de l'école. Je courais dans les rues en demandant si on ne les avais pas vus ; je trouvai ceux de terre, mais ceux qui étaient en mer, je ne pouvais pas en disposer. Je me lamentais, mon Dieu ! Nos pauvres marins, l'orage était sur eux ; au bout de quelques heures, on vit deux bateaux en escorter un autre ; tout le monde regardait ce que cela voulait dire, ces trois bateaux ensemble.

Hélas ! c'était ce pauvre père qui traînait son propre fils : le tonnerre était tombé à bord du bateau, avait coupé les cordages et tué notre pauvre fils. Ce pauvre père, qui avait le quatrième fils avec lui, lui disait en pleurant :

— Nous allons porter le mort à ta pauvre mère, qui a tant fait de route pour le débarrasser du service ; si par bonheur nous l'avions quitté, il n'en serait pas ainsi.

Avant d'arriver à bord, j'entends des cris de douleur ; je demandai ce qu'il y avait, on ne me répond pas : tout le monde se met à pleurer. Je dis :

— Ah ! c'est à moi le malheur !

Je devinai le reste. Douée du vrai sentiment maternel, pensez quelle fut ma douleur, car j'aime les enfants autant qu'une mère doit les aimer. Le troisième fils était en campagne, en journée avec son oncle : on fut lui apprendre ce malheur : il vint mêler ses larmes avec les nôtres. Il me disait :

— Ma pauvre mère, que vous êtes malheureuse ! il faut que vous en voyiez de toutes les manières. On dit que Dieu afflige ceux qu'il aime : il vous aime beaucoup, car il vous afflige souvent. Que la mer est affreuse à notre égard !

— Oui, c'est heureux pour toi de t'en être retiré.

Le médecin arriva pour nous soigner tous : je lui dis :

— Vous ne m'aurez pas une goutte de sang.

Il me dit en s'asseyant à côté de moi :

— Je ne pense de même ; mais vous en avez encore d'autres qui ont besoin de vous.

Dans ce moment, le prêtre arrive pour m'en dire autant ; je lui dis :

— Monsieur, vous connaissiez mes enfants, je perds les meilleurs enfants du monde ; de toute leur vie ils ne m'ont jamais désobéi, jamais un mot de mauvaise humeur à mon égard. Ce fils qui commandait notre bateau, ce malheureux bateau est son tombeau, je ne pourrai jamais le revoir. Ce fils qui était tous les huit jours à la caudraie au haut de notre table avec ses marins, à présent je ne pourrai en voir un autre à sa place.

XIV

Quand le troisième fils eut fait ses deux ans d'apprentissage, il se trouva à deux lieues de chez nous un bourrelier qui vendait son fonds de boutique; ce fils, qui n'avait rien gagné depuis deux ans, n'avait pas d'argent pour l'acheter. C'était bien la place qu'il lui fallait pour ne pas être éloigné de nous; il trouva un voisin près de nous qui lui prêta ce qu'il lui fallait pour faire cet achat.

La place lui devint avantageuse : la commune est grande ; comme il avait une bonne conduite et la confiance des cultivateurs, il se mit chantre à l'église, ami du curé, il demeurait seul sans servante. J'allais souvent lui rendre visite, faire un peu son ménage.

Comme il y avait près de quatre ans que nous avions eu le quinzième, le 16 mars suivant j'accouchai du seizième, qui était une fille ; comme nous avions les deux derniers deux garçons, les grandes filles étaient encore bien contentes ; elles lui ont donné le nom de Marie, et tout le monde de l'endroit l'appelle Marie. Elle est d'une bonne humeur, elle m'entoure de ses caresses chaque jour.

Au bout de deux ans, le fils, se voyant seul, ses sœurs, n'aimant pas la campagne, ne voulaient pas aller avec lui pour lui tenir sa porte ouverte ; comme on est marchand, il faut du monde à la maison, il prit le parti de se marier, et épousa la fille d'un riche cultivateur, qui lui apporta la valeur de dix-huit mille francs : avec son état il fut assez heureux. Il ne nous restait qu'un fils de grand chez nous qui fréquentait déjà une particulière, je lui dis :

— Malheureux ! tu as déjà une particulière, tu sais que tu as trois ans de service à faire avant de te marier; si le malheur arrive avant, je t'assure que nous ne te marierons pas, nous n'avons que toi pour nous aider à nos bateaux, tu sais que tu dois nous être nécessaire.

L'hiver suivant, on l'appela pour le service, il alla au bureau trouver M. le commissaire. Il lui dit :

— Monsieur, ayez pitié de mon père, il n'a que moi, vous savez que mon frère n'est plus.

Il lui répond :

— En effet, ton frère est censé faire son service, comme je n'en prends pas deux de la même maison, va aider ton père.

Il nous est resté un an. L'hiver suivant, on

l'appela derechef, il fut pris ; il arrive à la maison bien triste ; il me dit :

— Ma mère, ce n'est pas ça, ma particulière est enceinte ; il faut nous marier,

Je lui dis :

— Voilà qui est plaisant ! tu sais ce que nous t'avons prédit, ça va t'arriver, nous ne pouvons pas te marier, il faut faire ton sac, tu te marieras quand tu seras de retour du service.

Il ne voulait pas entendre cela ; il employa jusqu'au curé de la paroisse, qui vint nous dire : — Il faut les marier, je les marierai pour rien ; nous ferons venir deux bans de Rouen, je prends tout sur mon compte.

Nous ne pûmes nous y opposer ; la saison

du hareng n'avait pas été très-bonne, je ne pouvais pas lui faire son sac. Comme c'est d'usage quand on doit de ne pas garder d'argent chez soi, sitôt compté, sitôt parti aux créanciers, je n'avais pas un sou ; je recommençai à retourner à crédit, j'achetai pour quarante francs de bas de laine, chemises et autres habillements ; et puis ce bon monsieur, ancien notaire, me prêta cinquante francs, que je lui donnai pour emporter avec lui en cas de besoin. On le maria à cinq heures du matin et à sept heures il partait. Sa femme resta chez son père avec son enfant.

Nous voilà à présent restés avec nos filles, petite ressource : il faut voir l'embarras : si elles gagnent cinq sous, elles vous en demandent dix. L'une veut un morceau, l'autre en veut un autre ; quand l'on est fille, on voudrait bien ce que l'on voit aux autres. Le dimanche est bien à appréhender pour moi. Une, lui faut un bonnet blanc ; l'autre, un mouchoir ; les autres autre chose. Quand elles reviennent de la paroisse, elles voient tout ce que les autres étrennent :

— Celle-là étrenne ça, nous n'en avons pas, nous autres. Je leur dis :

— Vous savez bien qu'il y a bien des pauvres ; eh bien, nous sommes du nombre ; nous sommes bien malheureux, nous tissons toute la semaine, et nous ne pouvons pas avoir un morceau ; enfin, on vous a élevées, il faut aider à élever les autres.

Ce n'était pas assez de nos enfants à élever, nous avions la mère et la sœur de mon mari, qui devenaient toujours de pire en pire ; la mère, qui avait tombé, avait gagné une infirmité, et restait au lit, sale qu'il était; nous fournissions linge et nourriture; faisant mauvais usage de nourriture, nous fûmes obligés de leur donner leur pain journellement. La première fois que l'on porta ce pain, ce pain de trois livres porté par un de nos enfants, la fille, qui avait toute sa vie été bien difficile, le prend de la main de l'enfant, vient chez nous courroucée au dernier degré, me le jette sur le dos d'une force que je croyais qu'elle allait briser le ménage, s'en fut chez elle en grondant tout le long de la route, à faire sortir tous les habitants le long du chemin. Tout le monde, qui connaissait leur manière, nous plaignait beaucoup en nous disant :

— Je ne lui en donnerais pas, moi.

Je n'osais lui en reporter, crainte de sa fureur; elle vint le chercher le soir, on lui donna sans parler du passé. Chaque jour, nous portions le pain et autres choses.

Deux ans se passent ainsi; mon mari, toujours chagrin de voir sa mère si mal soignée, me dit un jour :

— Je passe une triste vie de voir ma mère dans l'état où elle est ; ma sœur ne la soigne pas, quoique tous les jours je l'aidais à la nettoyer. Eh bien, veux-tu la prendre chez nous, tu la verras soigner. Suis mon penchant, nous enverrons notre fille aînée chercher une brouette pour l'enlever.

Nous dîmes à la fille :

— Nous venons chercher notre mère, elle va rentrer chez nous.

Elle nous dit d'un ton brutal :

— Prends-la.

Pendant que nous cherchions une brouette, la fille consulta quelqu'un, qui lui dit :

— Tu abandonnes ta mère ; pendant que tu es là avec, ton frère te nourrit, et, quand elle sera partie, tu n'auras plus de pain.

La fille revient en furie,—nous avions sorti la mère dehors sur une chaise, — prend sa mère de son bras, l'enlève dans sa maison, ferme la porte, met un verrou, de sorte que nous ne pouvions pas entrer.

Je dis à mon mari :

— Résiste ; il faut lui faire ouvrir, puisque nous sommes décidés à la prendre ; frappe plusieurs coups.

Elle ouvre la porte, demande pardon à son frère, que de toute sa vie elle ne lui avait demandé, en lui disant :

— Laisse-moi ma mère, je te promets de la mieux soigner à l'avenir.

Il en eut pitié, il lui laissa.

C'était le mercredi. Le samedi suivant, viennent les inondations. Mon mari avait toujours usage, toutes les fois que l'eau coulait dans les rues, d'aller voir si l'eau n'entrait pas dans la petite cour de sa mère; comme l'eau n'avait pas tombé sur notre endroit, l'on ne savait pas qu'il en avait tombé dans les environs. Au moment que nous vîmes cette malheureuse inondation, mon mari court chez sa mère, trouve l'eau au-dessus des croisées. Comme elle demeurait au fond de la cour, il monte sur le fossé, crie :

— Ma mère, êtes-vous là ?

Personne ne répond. Ne pouvant avancer plus loin à cause des débris qui arrivaient dans la cour, les épines, les ronces, l'eau qui arrivait par torrent, il ne pouvait avoir la certitude si sa mère était sauvée ou non, ne pouvant parler à aucun voisin ; tous étaient sauvés. Il revient chez nous bien triste, rencontre quelqu'un qui lui dit qu'il avait entendu crier : « Sauve qui peut! »

Cette malheureuse mère et la fille étaient noyées couchées dans leur lit; les cris que l'on avait entendus étaient ceux d'une de leurs voisines, qui était montée au grenier, et que sa fille était noyée aussi. L'eau montant jusqu'au grenier est restée deux jours presque jusqu'au haut des fenêtres. On a été obligé de prendre une petite barque pour aller les chercher par le toit des maisons ; on les transportait au pied de la côte pour faire l'inhumation, vu que presque toutes les maisons étaient pleines d'eau. Ces malheureuses, que nous avions, sans reproche, nourries depuis longtemps, étaient logées dans une petite maison à elles, à côté de celle du frère, et ensuite une à nous, que nous avions fait réparer à nos frais, et payé leurs dettes en disant :

— Un jour à venir, quand Dieu disposera d'elles, nous jouirons de cinquante francs de rente ; ça nous dédommagera un peu de ce que ça nous a coûté.

Eh bien, elles ont passé en non-valeur, brisées, dévastées ; nous avons tout perdu ensemble.

Il se trouva au même moment que notre plus grand bateau était usé ; il fallait recommencer. Un autre embarras, nous étions aussi riches à la fin du bateau comme au commencement ; nous trouvâmes le charpentier et nous lui dîmes : — Il nous faut un bateau, comment allons-nous faire?

Il nous dit :

— Comme à l'usage, un peu comptant et le reste quand tu pourras.

Nous avons eu recours à ce bon monsieur ancien notaire; je lui dis :

— Monsieur, vous nous avez prêté, nous vous avons rendu, nous avons besoin de votre secours.

Il nous en prêta un peu, et on nous fit un bateau; nous avions toujours espoir que les saisons viendraient meilleures, et elles vinrent toujours de mal en pire.

XV

Notre bateau était presque fini, il y avait dans notre endroit un Parisien qui séjourna plusieurs mois et se disait fils de baron. Il disait :

— Je vis encore sous la garde de mon tuteur; dans quelques mois, je vais prendre possession de mes biens, je possède un grand revenu.

Enfin bien des choses qu'il voulut bien dire.

Il eut connaissance qu'il y avait un bateau sur le chantier; il fait demander mon mari par l'aubergiste. Mon mari va bien vite voir ce qu'il voulait de lui.

— C'est à vous le bateau que l'on construit?

— Oui, monsieur.

— Je voudrais bien en être le parrain.

— Monsieur, je l'accepte avec plaisir.

Mon mari revint à la maison content et me dit :

— Ce monsieur, qui est si riche, sans doute donnera quelque chose à son filleul; sachant que nous sommes pauvres, il nous donnera toujours bien une voile.

Comme les charpentiers ont usage de faire chasser la première cheville à l'armateur, pour avoir la pièce, on fit l'honneur à M. Maxime de la chose; on lui mit le petit maillet garni de rubans en main et la cheville; en la chassant, il nous fit déjà voir son indécence.

Le chef de douanes, étant à jauger le bateau, lui demanda quel nom il lui donnerait pour faire le certificat de jauge; il lui dit:

— *Le Lisa-Boisgontier.*

Je me dis en moi-même :

— Il nous en conte bien long.

Il s'en va sans rien dire au charpentier, qui dit :

— Il ne connaît pas l'usage, il faut lui dire.

Un d'entre eux lui dit:

— Comment, monsieur, cette cheville ne mérite-t-elle pas qu'on la régale?

— Venez, je vais régaler.

Et il leur fit verser une bouteille de vin. Ils dirent :

— Il n'y a pas gras, mais nous verrons au moment du baptême.

Il fit, en effet, un grand baptême, tout l'équipage y fut, ainsi que moi, comme femme de l'armateur; je n'y restai pas longtemps.

Une fois qu'il eut bien soupé, il commença à chanter des chansons affreuses; le ciel en rougissait. Je revins bien vite chez nous, il y eut des marins qui partirent de table aussi. Il leur conta que le nom qu'il avait donné au bateau était le nom d'une femme qui prenait dix mille francs à la soirée, à force qu'elle était belle. Nous nous regardâmes tous en disant :

— Voilà un joli nom pour notre bateau, nous qui ne donnons que des noms de saints ou saintes, nous n'aurons pas de chance pour la pêche pendant que nous trouverons ce nom en mer.

Aussitôt appareillés, nous offrons nos vœux à la sainte Vierge que nous voyons au bout de la pointe : oserons-nous lui demander sa bénédiction avec ce nom que nous avons à l'arrière? Si nous n'avions pas été si malheureux, nous aurions fait faire un autre acte et changer le nom; mais le moment de partir pour la saison du hareng à Dieppe était venu.

Au bout de quelques semaines qu'ils étaient partis, la pêche n'allait pas: il y avait quelques cents francs au bateau là, et il nous faut au moins quatre mille francs pour nous retirer de nos dépenses. Ce Maxime fut à Dieppe voir nos marins, il y resta huit jours. Les marins, quand ils ne gagnent pas, ne récrivent pas leur pêche. Quand Maxime fut de retour, tout le monde fut le voir pour savoir le peu de gain que nos marins avaient.

Je m'approche de lui, je lui demande en termes de matelot :

— Nos gens, combien ont-ils?

— Vos gens? qui donc est-ce vos gens? Ah! oui, mon bateau.

Je dis en me retournant :

— Oui, son bateau, pas seulement la girouette, qui n'est que de dix sous.

Il me dit en me retournant :

— Nos gens ont onze cents francs.

Je lui laissai faire son embarras, et je revins chez nous en grognant contre lui ; je me disais :

— Mon bateau, qu'il dit; je voudrais qu'il ne fût jamais venu au pays.

Nos bateaux revinrent avec le même gain

qu'ils avaient eu la première année du bateau. Nous n'étions pas heureux.

L'année suivante, la barque qui fait la pêche des raies et des turbots étant usée, c'est la pêche qui nous est la plus avantageuse, nous fûmes trouver le charpentier; je lui dis :

— Qu'allons-nous faire? nous n'avons payé l'autre qu'à moitié, pourrons-nous en avoir un autre?

Il nous dit :

— Nous allons en faire un, car je sais que ça t'aidera à payer l'autre.

En effet, la pêche fit très-bien ; nous avions l'espoir que si la saison de Dieppe se trouvait bonne, nous nous retirerions un peu d'affaire. Notre espérance fut vaine ; on ne gagna rien. Au bout de deux mois, nous avons marié notre fille aînée ; le carême suivant, notre quatrième fils arriva de son service. Étant marié avant de partir, nous l'avons mis en ménage ; dix-huit mois après, nous avons marié notre deuxième fille. Si peu qu'on leur donne, ça fait toujours du mal quand on n'est pas riche.

Après trois années de mauvaise pêche, et avoir élevé seize enfants avec la fortune de ses bras, il n'est pas malaisé de ne pas être riche. Mon mari fait la pêche depuis l'âge de dix ans : âgé de cinquante-trois ans, il est en espérant sa demi-solde ; comme il n'a pas fait de service, sa demi-solde n'est que de quatre-vingt-seize francs. Nous aurions besoin que le roi ait pitié de nous; qu'il nous donne une paye plus forte, comme ayant eu sept garçons et neuf filles qui ne sont ni religieuses ni prêtres. Tous travaillent au compte du roi. Comme nous avons à présent un pays bien triste pour la pêche, nos côtes sont stériles.

« Je, maire de la ville d'Étretat, soussigné, certifie qu'il est à ma connaissance que les faits énoncés au présent manuscrit et qui ont rapport à la vie de Jean Duchemin et de son épouse, sont exacts et véritables.

» Étretat, le 4 octobre 1844.

» GENTIL. »

« Monsieur,

» Suivant les renseignements que vous me demandez sur la famille Duchemin, je m'empresse de vous informer que ce brave marin a commandé pour moi un bateau de pêche pendant dix ans, et que la plus grande probité n'a cessé d'exister dans toutes les relations que j'ai entretenues avec lui.

» J'aurai aussi l'honneur de vous assurer qu'après avoir pris connaissance du petit manuscrit, dans lequel la femme Duchemin rapporte toutes les circonstances de sa vie, j'ai reconnu qu'il était de sa main, et véritable dans tout son contenu. J'éprouve le besoin de vous exprimer ma satisfaction en vous voyant porter intérêt à ces braves gens.

» J'ai l'honneur, etc.

» L'ex-maire d'Étretat,

» FAUVEL. »

VALIN

VALIN

Sainte-Adresse, 1849.

Presque tous les peintres, beaucoup d'écrivains, un grand nombre de voyageurs, connaissent Étretat, ses rochers, ses cavernes creusées par la mer en immenses cathédrales.

Je suis venu ici creuser ma tanière quand

j'avais déjà trente ans ; depuis cet âge, les souvenirs sont bien mêlés de tristesse et d'amertume ; il meurt entre trente et quarante ans bien des amis dans la vie, bien des croyances et des espérances dans le cœur.

C'était donc déjà bien tard de me retirer ici à un âge où l'on ne sait plus de ces souvenirs doux et charmants sans mélange d'amertume et de tristesse — qui n'appartiennent qu'aux premières années de la vie.

Voici un des défauts qu'on n'a pas, dans la première jeunesse. A quarante ans que j'ai, je cherche à me persuader que je suis dans la troisième jeunesse. Peut-être les poëtes ont-ils, par suite de leur organisation, le droit de diviser ainsi leur vie en zones de jeunesse, et de ne mourir qu'à la fin de leur septième ou huitième jeunesse. Il y a assez de gens, du reste, qui pourraient compter leur âge par vieillesse, car il ne suffit pas pour être jeune de n'avoir que vingt ans. Toujours est-il que j'ai souvent cherché en quoi consistait en réalité le charme qu'exerce universellement la mer ; — c'est chose dangereuse que l'anatomie des bonheurs.

Tous ceux qui connaissent Étretat apprendront avec un chagrin réel la mort de Valin, le garde-pêche.

Valin avait fait partie de l'illustre bataillon des marins de la garde impériale ; puis il était revenu au pays où sa fiancée l'attendait, et qu'il n'avait plus guère quitté.

En même temps que ses fonctions de garde-pêche, il exerçait toujours la profession de pêcheur. Il avait son parc de l'autre côté de la *Porte d'aval* et de l'*Aiguille*, ce gigantesque obélisque planté au milieu des flots, et où les mouettes font leur nid.

En face de son parc était une caverne creusée par la mer. Valin l'avait agrandie et arrangée, et en était devenu le propriétaire respecté. Il y serrait ses filets et y passait quelquefois la nuit, quand la pêche l'exigeait. On arrivait à cette grotte, soit par dessous la Porte d'aval à la marée basse, soit en descendant la falaise par une *avalure*, chemin qui a fait frissonner plus d'un voyageur, quoique Valin y eût mis une rampe et des cordes, — non pas pour lui, mais pour les étrangers qui venaient visiter sa grotte, et pour lesquels il avait toujours, dans quelque trou du rocher, du rhum ou de l'angélique.

Il avait, en outre, dans le fond du village, un jardin dont les fruits et les fleurs étaient distribués généreusement aux visiteurs.

Puis — dans le village près de la mer, — sa petite maison, que l'on reconnaissait aux beaux œillets, aux splendides giroflées qui en décoraient le devant pendant toute la belle saison.

Quand on entrait dans cette maison, on la trouvait pleine de calme, de travail, de tendresse, de bonheur. Toute cette famille était si honnête, si vertueuse, non pas de cette vertu rechignée — qui a l'air de faire au vice une guerre de boutique, ou d'avoir contre lui une haine de famille, — mais de cette vertu saine, bien portante, riante, heureuse.

Il y a quelques années, un grand malheur avait ramené cinq personnes dans la petite maison. — Constance, la fille aînée de Valin, avait perdu son mari Dentu, à la suite de l'inondation qui couvrit de sable et enfouit sous la terre une dizaine de maisons dont on voit encore le toit.

Constance était retournée chez son père avec ses quatre enfants, et Hortse, la jeune sœur de Constance, avait dit : « Pauvres petits enfants qui n'ont plus de père ! Ça n'est pas trop qu'ils aient deux mères. Je ne me ma-

rierai pas, ils sont maintenant à nous deux
Constance. »

Et, depuis ce temps, elle redoubla de travail, non pas avec l'air d'une femme résignée qui accomplit un sacrifice, mais avec l'air serein et heureux.

Constance aimait tendrement son mari ; elle fut deux ans morne, indifférente à tout, et le pauvre Valin me racontait il y a bien peu de temps, — quand il est venu passer deux jours avec moi à Sainte-Adresse, — quelle joie il avait ressentie quand, au bout de deux ans, — qu'elle n'avait mangé qu'un peu de soupe,— elle lui dit un jour : « Papa, je mangerais bien un peu de crabe. »

— Depuis ce jour, me disait-il en pleurant, ma pauvre Constance a été sauvée.

Cette maison où sont les deux sœurs et leur mère, une belle, respectable et austère femme, et les petits-enfants, qui sont charmants, paraissait devoir être sous la protection de la Providence. Eh bien, quelques années après la mort funeste de Dentu, le mari de Constance, — un horrible accident y répand le deuil et la livre aux larmes.

Il y a quelques jours, Valin partit le soir pour affaire de service. Le lendemain matin, il n'était pas rentré. Une brume épaisse avait rendu la nuit très-obscure. — Valin avait conservé les habitudes régulières du soldat.

L'alarme se répandit dans Étretat, où Valin était aimé et respecté comme un des pères du pays.

On se mit en grand nombre à sa recherche, et, dans un sentier étroit, près du corps de garde de la *Courtine,* on trouva un mouchoir marqué à son nom. On descendit à la mer par les falaises d'*Antifer,* et on trouva sur le galet son cadavre horriblement mutilé.

Il était tombé du haut de la falaise, — plus de trois cents pieds, — la hauteur de six maisons de Paris les unes sur les autres.

Le lendemain, tout le hameau le suivait au cimetière.

Valin était pour moi un ami de vingt ans. Combien de bonnes soirées j'ai passées avec lui dans sa maison, en fumant, en buvant du cidre chaud, et en écoutant le récit des dangers, des combats, de la gloire et des plaisirs du bataillon des marins de la garde ! Combien de fois l'ai-je accompagné, le jour ou la nuit, à la grotte dont nous descendions si insoucieusement l'âpre sentier, — qui ne lui inspirait jamais d'inquiétudes que pour les autres !

Il est mort, et ce sera un chagrin sérieux pour tous ceux qui l'ont connu. Cet été, tous les visiteurs d'Étretat iront, en arrivant, à sa maison, devant laquelle ils ne verront plus ni œillets ni giroflées, et tous auront les larmes aux yeux en apprenant la fin déplorable du vieux soldat, qui, à soixante ans, était encore alerte et robuste comme un jeune homme.

UNE

FALAISE A ÉTRETAT.

UNE
FALAISE A ÉTRETAT

Ceci est une histoire à laquelle on n'a rien ajouté, rien retranché, rien changé.

Mais conte ou histoire, qu'importe?

Depuis longtemps on a dit qu'il n'y avait pas d'histoire; nous dirons, nous, qu'il n'y a pas de conte, ne fût-ce que pour nier aussi quelque chose, à cette époque de négation où nous sommes.

En effet, avec un peu de patience, on pourrait décomposer tous les événements possibles et les réduire, du moins leurs éléments, à un nombre fixe. Ainsi que les quatre-vingt-dix numéros de la loterie, qui forment par leurs combinaisons variées une multitude de ternes et de quaternes; de même les chances humainement possibles, de quelque manière qu'elles fussent accouplées, produiraient un grand nombre de chances diverses qu'il serait néanmoins presque facile de calculer; — de même que les innombrables et fantastiques rosaces du kaléidoscope sont produites par un certain nombre de morceaux de verre toujours le même, toujours les mêmes.

Or, ces éléments, qu'ils soient combinés par le hasard ou par l'imagination du poëte, sont toujours les mêmes ; et quelque bizarres modifications que le plus bizarre esprit puisse imposer aux événements, le hasard, les désirs, les craintes et les folies humaines formeront des combinaisons plus bizarres encore ! Il est donc impossible que dans toutes ces modifications ou ressassements des mêmes événements, il n'arrive pas quelquefois que les événements arrangés à plaisir dans le conte ne se trouvent quelquefois réalisés dans l'histoire.

Nous irons plus loin : pour ce qui est de

la vérité, l'avantage, nous le pensons, ne tardera pas à rester au conte sur l'histoire. Nous avons admis que le conte et l'histoire ne peuvent disposer que des mêmes éléments, que l'histoire est un kaléidoscope que l'on remue à dessein : donc, quelles que soient les combinaisons des petits morceaux de verre de l'un et de l'autre kaléidoscope, — elles sont aussi vraies les unes que les autres. Mais il y a là des conséquences nécessaires ; si vous faites vingt rosaces, la vingtième est la conséquence de la première, c'est-à-dire que, si la première se fût trouvée par hasard composée autrement qu'elle ne l'a été, cette modification eût imposé une modification à la seconde, la seconde à la troisième, la dix-neuvième à la vingtième.

Dans le conte, les événements sortent les uns des autres, sans que personne pense avoir intérêt à en altérer les effets ou les causes ; — dans l'histoire, au contraire, chacun retranche, ajoute, modifie, altère ; — un représentant de la nation pour faire passer une loi, un autre pour la repousser ; l'historien pour arrondir son système, un poëte pour l'euphonie, — si l'on s'occupe encore de l'euphonie, — un dramaturge pour son bon plaisir, ou accessoirement et accidentellement pour le bon plaisir du public, chaque jour aux événements on attribue d'autres causes, aux personnages d'autres pensées, d'autres paroles, d'autres actions; souvent même d'autres époques; de telle sorte que non-seulement l'histoire n'est plus vraie, mais aussi qu'elle est impossible, parce que tel effet ne peut exister sans telle cause, telle cause produit nécessairement tel effet.

Tandis que personne, que nous sachions jusqu'ici, — personne ne s'est avisé, personne ne s'avisera de changer un événement, une pensée, une ligne, une phrase, un mot, une lettre, une virgule, au conte de *Peau d'Ane.*

Personne n'a osé discuter le mérite du prince qui meurt positivement d'amour pour une femme inconnue dont l'anneau a failli l'étrangler; personne n'a révoqué en doute la singulière blancheur des petites mains de Peau-d'Ane, ni sa taille svelte, ni sa douce voix.

Mais qu'une reine de France aujourd'hui s'avise de se parer, même *aux bons jours*, d'une robe de la couleur du soleil, si surchargée de diamants et de pierreries qu'il ferait jour dans sa chambre à minuit, je défie qu'une telle chose arrive à la postérité sans être escortée d'anathèmes contre une telle prodigalité ; — quoique, à notre avis, en terre salique, nous ne voyions pas à quoi peut servir à une femme d'être reine, si elle n'a pas le droit de porter de plus belles robes qu'aucune de ses sujettes.

Conséquemment, dès que ceux qui écrivent l'histoire blâment ou louent ceux qui la vivent ou la font, il doit arriver nécessairement que ceux-ci cachent ou nient leurs actions, — de telle sorte que l'histoire, mêlée de faits et d'inventions, forme une suite de combinaisons qui ne peuvent en aucun cas sortir les unes des autres ; que l'histoire telle qu'elle est écrite n'a pu et ne peut être réalisée, tandis que le conte a dû l'être cent fois et peut l'être à chaque instant.

Il y avait une fois un pêcheur à Étretat, — à Étretat, dont les côtes pittoresques ont nspiré de jolis souvenirs à plusieurs de nos peintres, et de touchantes mélodies à notre ami Léon Gatayes ; il y avait dans le même lieu une fille aux grands yeux bleus, aux cheveux d'un blond cendré, au teint un peu doré par le soleil, aux lèvres vermeilles...

Pour finir le portrait, nous voudrions bien dire, ainsi qu'il est d'usage dans tous les portraits de femme, aux *dents blanches, petites et rangées comme des perles;* mais nous ne pouvons en conscience l'assurer, car, parmi les habitants de ces côtes, ceux que nous connaissons ne portent que peu ou point de dents; néanmoins ceux qui nous ont narré l'histoire, nous ont dit Bérénice si jolie que nous ne pouvons guère lui refuser aucune perfection; aussi, pour vous mettre bien en situation, pour bien comprendre ce que fit Romain, figurez-vous la femme la plus belle possible pour Romain; pour cela il n'est besoin que de songer à la femme que vous aimez, que vous avez aimée — ou à celle que vous aimerez.

— Non, dit Romain, je ne serai pas soldat, je ne veux pas être soldat.

Alors, sous l'Empire, c'était déjà une audace que de dire : « Je ne serai pas soldat, » et cette audace les plus mutins avaient coutume de s'en contenter.

— Je ne serai pas soldat, dit Romain, je ne veux pas être soldat ; je ne veux mettre ni leurs cols en baleine, ni leurs habits étroits ; je veux rester sur mon bateau, et continuer à porter sur l'épaule mes filets au lieu d'un fusil dont je n'ai que faire.

» Je ne serai pas soldat, car, pendant ce

temps-là, un autre épouserait Bérénice, et puis un boulet m'emporterait un bras ou une jambe ; et, me donnât-on du ruban écarlate de quoi faire des nœuds à dix bonnets pour Bérénice, j'aime mieux mes bras et mes jambes, — et Bérénice aussi.

» Je ne veux pas être soldat ; j'aimerais mieux me jeter à la mer du haut de nos falaises. »

A cette époque, on n'avait pas encore cédé au vœu de la nation en substituant à l'odieuse conscription — le recrutement, qui est exactement la même chose, — la conscription donc saisit le pauvre Romain.

Et, comme les autres, au bruit du tambour de rappel, il sortit de sa maison, après avoir baisé en pleurant ses meubles, qu'il ne devait plus revoir et qui devaient appartenir à Bérénice, et la chaise sur laquelle, un soir, elle s'était assise.

Il n'emporta que des vivres plein un sac bien bourré, — et aussi une boucle des cheveux de Bérénice.

Comme les autres, au bruit du tambour, Romain sortit de sa maison; mais, ce que ne firent pas les autres, au lieu d'aller sur la place, il gravit les falaises, et, s'aidant des pieds et des mains, il parvint à un endroit où peuvent seuls parvenir les aigles et un homme qui veut cacher sa liberté.

O liberté, fille du ciel — si mal comprise aujourd'hui ! — toi dont on a voulu faire une bacchante ivre, échevelée et chantant des chansons obscènes, — tu as détourné tes lèvres de la coupe impure, et, arrangeant modestement les plis de ta longue robe blanche, tu as déployé tes ailes et tu es remontée au ciel, en faisant entendre de mélodieux accents dont pas une note n'est entrée dans aucun des chants dits patriotiques ; ô liberté, fille du ciel, salut !

Là, Romain fut caché trois jours ; la nuit, il allait voir Bérénice, et il rapportait des provisions qu'il entassait au fond de son aire ; une nuit, il fut suivi, et on découvrit sa retraite ; on voulut le saisir, probablement on n'aurait pu gravir jusqu'à lui ; — mais le premier qui tenta l'escalade reçut dans la poitrine une pierre qui le fit rouler sur les pointes de rocher jusqu'à la mer où il acheva de périr.

On demanda des ordres ; c'était un exemple qu'on ne pouvait laisser impuni.

Pour *l'empereur*, le préfet dit : Romain sera soldat.

Pour lui-même et pour Bérénice, Romain dit :

— Je ne serai pas soldat.

Les soldats qui tentèrent de gravir la falaise furent renversés par les pierres et broyés sur les galets ; on résolut de le prendre par la famine ; on garda toutes les issues ; alors, Romain ne put plus descendre pour chercher des vivres ni pour voir Bérénice.

Mais Bérénice se glissait dans l'ombre, et, ôtant ses souliers et ses bas pour ne pas glisser, elle montait jusqu'auprès de Romain. Ses pieds, si blancs au bas de la falaise, étaient tout sanglants en haut, et Romain étanchait le sang en les baisant.

Un jour, on se défia de Bérénice et on l'empêcha d'approcher.

Sur de nouveaux ordres du préfet, on tira des coups de fusil ; mais les balles rebondissaient sur le roc ou s'amortissaient dans la terre grasse.

On en revint aux projets de famine, et Romain fut trois jours sans manger.

Il essaya de manger quelques touffes d'herbes ; mais il devint si faible et si découragé, qu'il voulait se jeter du haut de la falaise en bas.

Le quatrième jour, il trouva dans sa caverne un pain qu'il y avait caché, et qu'il avait oublié ; il le mangea avec avidité.

— Allons, dit-il, me voilà fort ; demain j'aurai perdu cette force, et le ciel ne m'enverra sans doute pas un secours aussi inespéré.

Le ciel soit, Romain, puisque vous êtes assez heureux pour croire que le ciel veut bien se mêler de nos petites affaires.

Il attendit la nuit, se déchira le bras avec son couteau, teignit sa chemise de sang, et, mettant dedans ses gros souliers pour qu'elle ne fût pas emportée par le vent, il la jeta sur la grève au pied de la falaise ; puis il descendit en rampant.

Toutes les issues étaient gardées, il se traîna sur les mains et sur les genoux jusqu'à un soldat qui s'était endormi ; et, de quatre coups de couteau, l'empêcha de se réveiller. Puis il chargea ses vêtements de galets et le jeta à la mer.

Il alla voir Bérénice, se munit de vivres, et s'enfuit dans une autre retraite. Le lendemain, la mer vint prendre sur le galet et emporter les souliers et la chemise sanglante ; on les repêcha. On crut que Romain s'était précipité ou qu'il était tombé en voulant s'échapper. On parvint à monter à sa retraite, que l'on trouva déserte. Au bout de neuf jours, le soldat que Romain avait tué fut déclaré déserteur, et l'on ne pensa plus à Romain, dont on n'entendit plus parler pendant trois ans.

Cependant, Bérénice avait vingt ans, et quelques offres qu'on lui fît, elle refusait obstinément de se marier. On pensait que c'était le souvenir de Romain qui la retenait; mais, comme on ne la voyait ni triste ni chagrine, on ne savait comment expliquer le célibat auquel elle semblait se condamner.

Tout passe, l'Empire passa. Romain revint; il avait vécu trois ans dans les roches, où Bérénice, sa seule confidente, lui avait porté des vivres. — Il retrouva son bateau et ses filets, dont elle avait eu soin. . . .

. . . .

. . . .

— Et puis ?

— C'est tout.

— Ah !

— Que voudriez-vous de plus ?

— Rien. Mais il est étonnant que cela finisse ainsi.

— Mettez, si vous voulez, qu'ils vécurent longtemps et eurent beaucoup d'enfants.

— Ce n'est pas cela ; Romain est un garçon de cœur et de résolution qui aurait pu devenir quelque chose.

— Quoi ?

— Je ne sais. Mais enfin ce qu'on entend par quelque chose.

— Mais que pouvait-il être mieux que l'amant ou l'époux d'une femme qu'il aimait, gagnant bien sa vie avec ses filets, et de plus la gagnant au grand air et au soleil. — Il vous faut la fin de l'histoire de Romain. — Mais auparavant, nous voulons vous ôter un préjugé. Il faut que vous sachiez que toutes les histoires ne finissent pas, que peu finissent ; que le drame, dans la nature, n'a souvent qu'un ou deux actes, — une exposition, point de péripétie ni de dénoûment ; ou plutôt, comme le **prouve spirituellement Léon Gozlan**, il n'y **a** pas de drame dans la nature ; les incidents le plus souvent passent près l'un de l'autre sans se croiser ; les éléments d'un coup de théâtre se manquent de dix minutes, et le coup de théâtre est manqué.

L'histoire de Romain, par exemple, est la plus incomplète que vous puissiez imaginer. Pour vous, pour vos croyances; pour nous qui ne croyons guère aux hommes conséquents, et qui n'aimons pas du tout ceux qui ont la prétention de l'être, cette fin nous plaît, elle montre bien l'homme tel qu'il est.

Plus tard, dans les soirées d'hiver, quand les gros temps empêchaient les barques de quitter la rive; près de l'âtre, devant ces feux confortables que nulle part on ne fait si bien que dans la Normandie; — car encore dans les campagnes on voit que les cheminées ont été faites pour se chauffer; dans les villes, il est évident qu'elles ne doivent servir qu'à supporter une pendule, deux flambeaux sous verre, et deux vases de fleurs de batiste ; devant un grand feu, Romain racontait quelquefois son histoire ; la triste vie qu'il avait menée pendant plus de trois ans, et le courage que lui avait donné son amour ; et Bérénice, pendant son récit, le regardait avec amour et passait sa main sur ses yeux.

Mais, un jour, il se trouva devant l'âtre des hommes fiers des dangers qu'ils avaient courus malgré eux, et pour lesquels ils étaient partis en pleurant. Chacun d'eux regardait comme sienne la gloire de l'Empire, et croyait avoir gagné la bataille où il avait eu peur.

Ils firent des récits de combats entremêlés d'un certain nombre de mots sonores et insignifiants.

Par suite de quoi on prouva à Romain qu'il avait été lâche de combattre seul contre les soldats, contre la faim, contre la soif, contre le désespoir, pour conserver sa liberté, au lieu d'être allé en masse tirer au hasard des coups de fusil sans savoir pourquoi.

Romain alors fut honteux de son énergie. Bérénice elle-même ne fut plus fière de son mari ; elle se surprenait souvent à désirer qu'il *eût fait comme les autres, qu'il eût servi.* Elle commença à préférer les récits de batailles aux récits de Romain. — Un *ancien militaire* lui conta fleurette, et elle l'écouta. Romain n'osa rien dire, car on lui avait persuadé qu'il avait été et qu'il était lâche ; seulement, un soir, il assomma l'amant de sa femme ; puis, comme autrefois, il sortit de sa maison pour retourner sur sa falaise, et, le lendemain, on trouva sur le galet, non plus sa chemise et ses souliers, mais son corps déchiré.

FIN

TABLE

—

	Pages.
HISTOIRE DE ROSE ET DE JEAN DUCHEMIN............	1
VALIN..	193
UNE FALAISE A ÉTRETAT......................	207

www.ingramcontent.com/pod-product-compliance
Lightning Source LLC
Chambersburg PA
CBHW060126170426
43198CB00010B/1045